Reine Mädchensache

Gaby Schuster

Reine Mädchensache

Mit allen wichtigen Infos und Tipps

Zeichnungen von Philip Hopman

Bibliografische Information Der Deutschen Bibliothek
Die Deutsche Bibliothek verzeichnet diese Publikation
in der Deutschen Nationalbibliografie; detaillierte
bibliografische Daten sind im Internet über
http://dnb.ddb.de abrufbar.

ISBN 3-7855-4667-X – 1. Auflage 2003
© 1994 Loewe Verlag GmbH, Bindlach
Aktualisierte Ausgabe der unter dem gleichen
Titel beim Verlag erschienenen Originalausgabe.
Umschlagfoto: zefa/Creasource
Umschlaggestaltung: Andreas Henze
Gesamtherstellung: Clausen & Bosse, Leck
Printed in Germany

www.loewe-verlag.de

Inhalt

▸▸Schönheit und Kosmetik

⋙Adressen

⋙Stichwortverzeichnis 298

Was ist ein Mädchen? ▶▶ Was ist ein Mädchen?

Was ist ein Mädchen? ▶▶ Was ist ein Mädchen?

Was ist ein Mädchen? ▶▶ Was ist ein Mädchen?

▶▶ Was ist ein Mädchen?

Was ist ein Mädchen? ▶▶ Was ist ein Mädchen?

Was ist ein Mädchen? ▶▶ Was ist ein Mädchen?

Was ist ein Mädchen? ▶▶ Was ist ein Mädchen?

Was ist ein Mädchen? ▶▶ Was ist ein Mädchen?

Was ist ein Mädchen? ▶▶ Was ist ein Mädchen?

Was ist ein Mädchen? ▶▶ Was ist ein Mädchen?

Was ist ein Mädchen? ▶▶ Was ist ein Mädchen?

Was ist ein Mädchen? ▶▶ Was ist ein Mädchen?

Was ist ein Mädchen? ▶▶ Was ist ein Mädchen?

Was ist ein Mädchen? ▶▶ Was ist ein Mädchen?

▶ **Lüfte das „Geheimnis"!** Eine leichte, fast schon eine dämliche Frage? Von wegen: Ein Mädchen zu sein ist wie eine riesengroße Schachtel mit einer viel versprechend verknoteten Geschenkschleife! Es liegt an dir, was alles herauskommt, wenn du die Bänder aufziehst und den Deckel lüftest.

In jedem Mädchen stecken ganz verschiedene Persönlichkeiten, Möglichkeiten und Chancen. Du hast es selbst in der Hand, welche Kombination du speziell für dich wählst!

Bist du nicht vieles gleichzeitig? Kind, Tochter, Schwester, Enkelin, Freundin, Schülerin, Sportlerin, Liebste, Mannequin, Mauerblümchen und Draufgängerin?

Das alles steckt in dir.

Manchmal kann es ganz schön schwierig sein, die verschiedenen Facetten deiner Persönlichkeit in deinem Kopf unterzubringen. Dieses Buch will dir dabei helfen. Es zeigt dir jede Menge interessanter, neuer, witziger, faszinierender und ausgefallener Wege durch das aufregende, spannende Labyrinth des Mädchenseins, an dessen Ende bereits eine neue Herausforderung auf dich wartet – ein Leben als Frau!

Freunde und Freundschaft ▸▸Freunde und Freundschaft

Freunde und Freundschaft ▸▸Freunde und Freundschaft

Freunde und Freundschaft ▸▸Freunde und Freundschaft

▸▸Freunde und Freundschaft

Freunde und Freundschaft ▸▸Freunde und Freundschaft

Freunde und Freundschaft ▸▸Freunde und Freundschaft

Freunde und Freundschaft ▸▸Freunde und Freundschaft

Freunde und Freundschaft ▸▸Freunde und Freundschaft

Freunde und Freundschaft ▸▸Freunde und Freundschaft

Freunde und Freundschaft ▸▸Freunde und Freundschaft

Freunde und Freundschaft ▸▸Freunde und Freundschaft

Freunde und Freundschaft ▸▸Freunde und Freundschaft

Freunde und Freundschaft ▸▸Freunde und Freundschaft

Freunde und Freundschaft ▸▸Freunde und Freundschaft

▶ Psychotest: Bist du eine gute Freundin?

Woran liegt es eigentlich, dass manche Mädchen jede freie Minute mit ihrer Clique zusammenstecken, während andere allein daheim sitzen und sich fragen, was sie falsch gemacht haben? Was musst du tun, um eine Freundin zu finden, die deine Geheimnisse für sich behält und deine Sorgen mit dir teilt? Wie findest du Anschluss an eine Clique? Unser Test hilft dir dabei, wenn du alle Fragen ehrlich beantwortest.

Bitte lies dir die Fragen genau durch, ehe du ankreuzt. Aus der Tabelle am Ende des Tests entnimmst du die Punktezahl für jede einzelne Antwort. Zum Schluss zählst du deine Punkte zusammen und liest in der Auswertung nach.

1 Du erfährst eine tolle Geschichte über euren Klassensprecher, die noch keiner weiß. Was fängst du damit an?

a In der Pause erzähle ich allen, was ich heraus-bekommen habe.

b Ich berichte die Story, verrate aber nicht, wem sie passiert ist.

c Ich halte den Mund, denn im Grunde geht mich das Ganze nichts an.

2 Eine Klassenkameradin ist bekannt dafür, dass sie sich Dinge ausleiht, die sie nie zurückgibt. Wenn sie dich bittet, ihr deinen neuen Füller zu leihen, sagst du:

a Bitte, hier hast du ihn.

b Tut mir Leid, ich habe ihn heute nicht dabei.

c Nein, ich möchte dir meinen Füller nicht leihen.

3 Deine Freundin hat deine Lieblings-CD ruiniert. Wie reagierst du?

a Macht nichts, ich finde die Songs sowieso öde.

b Kein Problem, du kaufst mir einfach eine neue CD.

c Vergiss es, aber wenn du besser aufgepasst hättest, wäre das nicht passiert.

4 Deine Freundin hat sich überraschend mit einem anderen Mädchen angefreundet, das du nicht ausstehen kannst. Was tust du?

a Ich ziehe mich zurück und breche den Kontakt zu ihr völlig ab.

ⓑ Die Sache ärgert mich, aber ich halte den Mund.

ⓒ Ich stelle meine Freundin vor die Wahl. Sie muss sich zwischen mir und dem anderen Mädchen entscheiden.

5 *Deine Freundin hat sich in einen Jungen verliebt, der sie garantiert unglücklich machen wird. Wie reagierst du darauf?*

ⓐ Ich treffe sie weniger oft, denn ich habe keine Lust zuzusehen, wie sie in ihr Unglück rennt.

ⓑ Ich versuche, sie zu warnen und ihr die Augen über den Knaben zu öffnen, ehe es zu spät ist.

ⓒ Ich benehme mich wie immer und tue so, als wüsste ich von nichts.

6 Wie weit muss das Vertrauen gehen, das dir eine gute Freundin/ein guter Freund entgegenbringen soll?

a Er oder sie soll mir absolut alles erzählen.

b Er oder sie muss selbst entscheiden, was ich wissen soll und was nicht.

c Ich will gar nicht alles von meinen Freunden wissen.

7 Deine beste Freundin ist total pleite. Mit welchen Worten würdest du ihr Geld leihen?

a Ich freue mich, wenn du es nimmst.

b Mach keinen Wind, du hast mir doch auch schon oft aus der Klemme geholfen. Das ist nur ein Ausgleich dafür.

c Das hast du nun davon, du hättest eben sparsamer sein sollen.

8 Deine Freundin hat einen tollen Pulli, den du dir schrecklich gern für eine Party ausleihen würdest. Was tust du?

a Ich gebe ihr deutlich zu verstehen, dass der Pulli super zu meinen neuen Jeans passen würde.

b Ich bitte sie ganz einfach direkt darum.

c Wenn sie ihn mir nicht von selbst anbietet, dann muss ich leider darauf verzichten.

9 Du begleitest deine Freundin beim Klamottenkauf. Sie entdeckt einen Minirock, der ihr absolut nicht steht. Machst du sie darauf aufmerksam?

ⓐ Nein. Wenn ihr der Rock gefällt, würde ich ihr sagen, dass er gut aussieht.

ⓑ Ich versuche sie zu überzeugen, dass sie ihn besser nicht kaufen sollte.

ⓒ Ich halte meinen Mund.

10 *Was hältst du so im Allgemeinen von deinen Klassenkameraden und deinen Freunden?*

ⓐ Die meisten von ihnen sind wesentlich hübscher und intelligenter als ich.

ⓑ Die meisten sind eigentlich eher doof.

ⓒ Wir passen ganz gut zusammen.

Punkte						
1	*a*	1	*b*	2	*c*	3
2	*a*	2	*b*	1	*c*	3
3	*a*	3	*b*	2	*c*	1
4	*a*	2	*b*	3	*c*	1
5	*a*	1	*b*	3	*c*	2
6	*a*	1	*b*	3	*c*	2
7	*a*	2	*b*	3	*c*	1
8	*a*	1	*b*	2	*c*	3
9	*a*	1	*b*	2	*c*	3
10	*a*	2	*b*	1	*c*	3

21 bis 30 Punkte: Gratuliere, du bist eine Freundin, die sich jedes Mädchen wünscht. Man weiß genau, woran man bei dir ist. Du nennst die Dinge offen und ehrlich beim Namen. Trotzdem vermeidest du es, mit deiner Wahrheitsliebe andere zu verletzen. Du versuchst, auch eine Absage in freundliche Worte zu kleiden. Viele Mädchen beneiden dich um deine Selbstsicherheit und deine Fähigkeit, schnell Kontakte zu knüpfen. Sicher gerätst du nie in Gefahr, als Mauerblümchen ein einsames Schattendasein zu führen.

15 bis 20 Punkte: Obwohl du Freundinnen hast, zählst du vermutlich nicht zu den Mädchen, um die sich alles dreht. Du hast deinen Platz in der Clique und triffst dich auch ab und zu mal mit anderen im Café oder im Kino. Aber manchmal hast du sicher selbst das Gefühl, dass nicht alles so ist, wie es sein sollte. Möglicherweise liegt es daran, dass du den anderen ihre Fehler gern unter die Nase reibst und hin und wieder auch eine Portion Schadenfreude bei dir mit im Spiel ist. Vorsicht, dass du dich damit nicht selbst ins Abseits stellst! Ein bisschen mehr Nachsicht und Verständnis für die Schwächen anderer würden deiner Beliebtheit bestimmt gut tun. Versetz dich auch mal in die anderen, dann fällt es dir leichter, auch bei Auseinandersetzungen eher mit Humor und nicht mit bissigen Sprüchen zu reagieren.

10 bis 14 Punkte: Du musst irgendwann einmal sehr verletzt worden sein. Du errichtest zwischen dir und möglichen Freunden eine hohe Barriere. Warum hast du so viel Angst davor, dich auf eine Freundschaft einzulassen? Fürchtest du, dass man dich ausnützt, auslacht oder kränkt? Du hast dich in eine gefährliche Mischung aus Passivität und Pessimismus geflüchtet. Das Leben ist – wie ein dummer Spruch so schön sagt – immer lebensgefährlich. Es wird höchste Zeit, dass du dein Herz in beide Hände nimmst und endlich den Mut findest, dich auf richtige Freunde einzulassen. Ein Lächeln genügt oft, um ein Gespräch in Gang zu bringen. Keine Bange, du schaffst das mit Sicherheit!

▸ Harmonie im Zeichen der Sterne

Hand aufs Herz: Liest du ab und zu dein Horoskop in Tageszeitungen oder Zeitschriften? Da sich sogar Wissenschaftler und Professoren über Sinn und Unsinn von astrologischen Voraussagen streiten, ist es schwer, Stellung zu beziehen. Wie wäre es mit einem Kompromiss?

Du musst dieses Freundschaftshoroskop ja nicht tierisch ernst nehmen. Aber es kann durchaus den einen oder anderen Hinweis darauf geben, warum du dir mit deiner Freundin ständig in den Haaren liegst, wenn sie eine ordentliche, zurückhaltende *Jungfrau* ist, während du als *Zwillings*mädchen am liebsten dein Leben in totalem Fun genießen möchtest.

Das Freundschaftshoroskop

Widder (21. März–20. April)

Widdermädchen werden vom heißen *Mars* beherrscht, und ihr Element ist das *Feuer*. *Amethyste* und *Diamanten* sind ihre Edelsteine. Die *Neun* bringt ihnen Glück, der *Dienstag* ist ihr Lieblingswochentag. Ihre Sternzeichenblume ist die *Rose*. Ein Mädchen, das im Zeichen des Widders geboren wurde, ist tatkräftig, temperamentvoll, ein wenig dickköpfig. Aber sie ist immer für ihre Freunde da. Sie übernimmt gerne das Kommando. Einer solchen Lady macht es absolut nichts aus, den ersten Schritt zu tun und auf andere zuzugehen. Sie ist immer neugierig auf andere Menschen. Einem Streit wird sie selten ausweichen, denn sie kann leicht reizbar sein und hat gelegentlich eine Schwäche für dramatische Szenen. Doch keine Angst, nach der Explosion ist alles schnell wieder okay. Manche Wassermänner, aber vor allem Menschen, die im Zeichen des Löwen, des Schützen oder der Zwillinge geboren sind, kommen am besten mit diesen absoluten Power-frauen aus. Empfindliche Waagen, scheue Krebse oder ruhige Steinböcke ergreifen dagegen schon nach kürzester Zeit die Flucht aus dieser Freundschaft!

Stier (21. April–21. Mai)

Stiermädchen leben im Zeichen der *Venus* und stehen mit beiden Beinen fest auf dem Element *Erde*. Geheimnisvolle *Smaragde* und *Moosachate*, die Zahl *Sechs* und der *Freitag* bringen ihnen Glück. Der Tierkreis ordnet ihnen das duftende *Veilchen* als Blume zu. Da die meisten dieser Mädchen die Natur sehr lieben, gerne spazieren gehen oder Sport treiben, suchen sie Freunde mit ähnlichen Interessen. Sie sind direkt, unbekümmert und freundlich, eben Kumpel, mit denen man durch dick und dünn gehen kann. Im Gegenzug erwarten sie bedingungslose Loyalität und Treue, sonst können sie ganz schön sauer werden. Wer im Sternzeichen der Jungfrau geboren ist, wird mit einem Stier fantastisch zurechtkommen. Auch ein Steinbock ist ein prima Partner. Krebse und Schützen haben ebenfalls gute Karten, wenn sie kompromissbereit sind. Die Freundschaft mit einem Wassermann oder einem Skorpion ist dagegen von Anfang an sehr gefährdet.

Zwillinge (22. Mai–21. Juni)

Zwillinge stehen unter dem Regiment von *Merkur,* und ihr Element ist die *Luft.* Ihr Talisman sollte mit einem *Aquamarin* oder *Topas* geschmückt sein, ihre Glückszahl ist die *Fünf* und der *Mittwoch* der beste Tag in der Woche für sie. Die zierlichen Blütenkelche der *Maiglöckchen* sind ihr Symbol. Das Luftzeichen Zwillinge steht für Bewegung. Logisch, dass ein solches Mädchen kein Stubenhocker ist. Es ist immer in Aktion, hat den Kopf voller Ideen und das Herz stets an irgendetwas ganz Besonderes gehängt. Zwillinge sind beliebt, denn in ihrer Umgebung ist automatisch viel los. Schlagfertig, lebenslustig, fröhlich und sportlich fällt es ihnen leicht, Freundschaften zu schließen und Verabredungen zu treffen. Vermutlich sind in ihrer Clique Waagen, Wassermänner und vielleicht auch ein paar geduldige Fische ihre besten Freunde. Treffen sie dagegen auf Skorpione oder Jungfrauen, ist der Streit schon fast vorprogrammiert.

Krebs (22. Juni–23. Juli)

Vom *Mond* beherrscht, ist das Sternzeichen Krebs dem Element *Wasser* zugeordnet. Dazu passen auch die symbolischen Steine: die geheimnisvolle *Perle* und der meergrün schimmernde *Smaragd.* Die Zahlen *Zwei* und *Sieben*

bringen einem Krebsmädchen Glück. Die *Anemone* ist seine Sternenblume, und der *Freitag* ist der besondere Tag für Krebsmädchen.

Wer unter diesem astrologischen Zeichen geboren wurde, kann tatsächlich so wandelbar sein wie der Mond.

Krebsmädchen sind ein sympathisches bisschen verrückt. Mal fröhlich, mal traurig, mal verträumt, dann wieder kichernd und aufgedreht. Wer mit ihren Stimmungen zurechtkommt, muss nur drei absolute Todsünden vermeiden: Einen Krebs darf man weder zurückweisen noch kritisieren oder lächerlich machen. Stiere und Skorpione kennen dieses Geheimnis. Auch Wassermann und Fische können sich gut auf Krebse einstellen. Eine Freundschaft mit Waage oder Steinbock dagegen ist ständig durch Krach bedroht.

Löwe (24. Juli–23. August)

Die *Sonne* regiert im Sternzeichen des Löwen. Das symbolisiert auch das Element des *Feuers*. Das wiederholt sich im Strahlen der *Rubine* und *Diamanten*, die dem Sternzeichen zugeordnet sind. Löwemädchen wollen an erster Stelle stehen, deswegen ist auch die *Eins* ihre Zahl. Der *Sonntag* ist ihr Glückstag und die prächtige *Pfingstrose* ihre Sternenblume. Man sagt diesem Sternbild nach, dass es früher als alle anderen nach den Jungen schielt.

Löwinnen haben das Flirten schon in der Wiege gelernt. Manchmal freilich wirkt es fast herzlos, wie plötzlich sie einen Kumpel fallen lassen können. Dabei steckt aber bestimmt keine böse Absicht dahinter. Löwinnen sind immer auf der Suche nach Zuneigung.

Aber da sie von ihren Freunden verlangen, dass sie keine Allerweltstypen sind, dauert diese Suche oft sehr lange. Glücklicherweise sind Löwedamen bei Jungen und Mädchen gleichermaßen beliebt. Die kleinen Flecken auf ihrem Charakter werden durch ihren Charme ausgeglichen. Bei Waagen, Widdern und möglicherweise auch bei Krebsen kommen Löwen am besten an. Vorsicht, wenn Stiere, Jungfrauen oder Skorpione ihre Freundschaft anbieten! Das geht nur gut, wenn alle Beteiligten eine Eins in Diplomatie haben!

Jungfrau (24. August–22. September)

Das sechste Tierkreiszeichen steht unter dem Zepter des *Merkur*. Sein Element ist die *Erde*. Die passenden Schmucksteine sind *Topas* und *Jaspis*. Die Glückszahl ist die *Fünf,* und der *Mittwoch* ist für sie ein Tag, an dem auch Schwieriges gelingt. Duftender *Lavendel* passt ebenso zu Jungfrauen wie die zartrosa Blütenkelche der *Ackerwinde*. Mädchen aus diesem Sternzeichen tun sich schwer, das Herz über den Kopf siegen zu lassen. Merkur hat ihnen die Liebe zur Ordnung, Pünktlichkeit und Genauigkeit mitgegeben. Wer mit ihnen befreundet ist, sollte Verabredungen einhalten und nicht mit schmutzigen Jeans auf ihrer Lieblingscouch herumlümmeln. Angeber, aufdringliche Typen und Launenhaftigkeit sind ein rotes Tuch für sie. Aber dafür ist eine Jungfrau eine Freundin, die jedes Geheimnis für sich behält und bei der man in Notsituationen immer auf Hilfe hoffen kann. Sie kann fantastisch mit ihrem Taschengeld umgehen und ist immer bereit, anderen aus der Klemme zu helfen. Krebse, Skorpione und Steinböcke schätzen den Perfektionismus der Jungfrau. Ihre Freundschaften sind lange und knitterfest! Waagen, Zwillinge, Widder oder Fische hingegen sind der Jungfrau zu schlampig, zu verträumt oder zu laut.

Waage (23. September–23. Oktober)

Waagemädchen kommen im Zeichen der *Venus* zur Welt und sind im Element *Luft* zu Hause. Ihr Talisman sollte mit einem *Diamanten* oder *Opal* verziert sein, die *Sechs* ist ihre Zahl, der *Freitag* ihr Glückstag, der *Flieder* ihre spezielle Blume. Sie sind die Diplomaten im Sternenkreis, die Mädchen, die jeden Streit schlichten können und immer einen Ausweg finden. Auch wenn sie gern eine Show abziehen und manchmal vor lauter Freude am Diskutieren nicht mehr zu reden aufhören können. Ihre Beliebtheit leidet nur selten darunter. Sie verbreiten Harmonie, und ihr absoluter Sinn für Gerechtigkeit macht sie in jeder Clique beliebt. Ihre Schwäche für schicke Klamotten, aktuelle Restaurants und Kinobesuche bringt sie allerdings regelmäßig in Taschengeldprobleme. Zwillinge, Wassermänner und Löwen haben Verständnis dafür, während Jungfrauen, Stiere und Steinböcke vor Verzweiflung darüber am liebsten die Wände hochgehen würden.

Skorpion (24. Oktober–22. November)

Der düstere *Pluto* und der kriegerische *Mars* nehmen die Skorpionmädchen unter ihre Obhut. Im Element des *Wassers* daheim, sind ihre Glück bringenden Edelsteine *Malachit* und *Topas*. Die *Neun* ist ihre Ziffer, der *Dienstag* ihr bester Wochentag. Die elegante *rote Nelke* und die kühle *Chrysantheme* werden ihrem Sternzeichen zugeordnet. Die entschlossenen, selbstständigen Skorpione verabscheuen jeden Kompromiss. Bei ihnen geht es um alles oder nichts. Kaum ein zweites Mädchen verfügt über so viel Hartnäckigkeit, Leidenschaft und Widerstandsvermögen. Sie gehen den Dingen auf den Grund. Oberflächliches Gesülze bringt sie zum Gähnen, und wenn man sie beleidigt, kann man ihrer Rache gewiss sein. Skorpione sind kein Hansdampf in allen Gassen. Sie haben meist nur wenige, handverlesene Freunde. Aber zu denen halten sie bedingungslos und in jeder Situation.

Das richtige Gespür für Skorpione haben in erster Linie empfindsame Fische und verständnisvolle Krebse. Sie überlassen dem Skorpion die Führung. Aber auch ein Schütze passt gut in diesen Freundeskreis. Ärger gibt es hingegen vermutlich mit Wassermännern und Zwillingen.

Schütze (23. November–22. Dezember)

 *Jupiter* beherrscht die Schützemädchen, und ihr Element ist das *Feuer*. *Amethyst* und *Granat* gehören zum neunten Zeichen des Tierkreises ebenso wie die Zahl *Drei*, der *Donnerstag* und unter den Blumen die *Mimose*. Wer eine Freundin sucht, die niemals lügt und immer offen und ehrlich sagt, was ihr durch den Kopf geht, muss sich an die Schützen halten. Mädchen, die unter diesem Sternzeichen geboren wurden, sind allergisch gegen jede Art von Vorschriften. Sie hassen stumpfe Routine, haben eine lebhafte Fantasie und diskutieren für ihr Leben gern. Aber Vorsicht, Schützen können hinter einem Witz verbergen, dass sie tief gekränkt und verletzt sind. Schützen sind gerne unterwegs, und ihre Leidenschaft für Discobesuche und Partys verursacht sowohl Probleme bei den Finanzen als auch mit den Eltern. Widder und Löwen verstehen diesen Freiheitsdrang ebenso wie den Wunsch nach Leben und Abwechslung. Zwillinge, Waagen und Fische dagegen fürchten die brutale Wahrheitsliebe der Schützen. Eine Freundschaft zwischen ihnen ist alles andere als einfach.

Steinbock (23. Dezember–20. Januar)

Steinbockmädchen leben unter der Herrschaft des *Saturn* und dem Element *Erde*. Weißer *Onyx* oder ein schimmernder *Mondstein* bringen ihnen zusammen mit der Zahl *Acht* und dem *Samstag* Glück. Duftende *Hyazinthen* ordnet ihnen die Astrologie als Blume zu. Ein wenig scheu und unsicher, fällt es Steinböcken schwerer als anderen, Anschluss zu finden. Sie haben oft nur eine einzige gute Freundin, die ihre Geheimnisse teilt. Steinböcke vertragen es schlecht, wenn man sich über sie lustig macht. Sie wirken nach außen viel ruhiger und ausgeglichener, als sie es in Wirklichkeit sind. Gelingt es ihnen, ihre Hemmungen zu überwinden, erweisen sie sich als treue, dauerhafte Freunde. Sie haben eine besonders sensible Antenne für Ungerechtigkeiten und sind wahre Organisationsgenies, wenn es darum geht, in Klasse oder Clique etwas auf die Beine zu stellen. Die idealen Freunde finden Steinbockmädchen unter Stieren und Jungfrauen. Zwillingen und Waagen begegnen sie mit Vorsicht. Ihre Interessen sind zu verschieden.

Wassermann (21. Januar–19. Februar)

Uranus und *Saturn* beherrschen die Wassermannmädchen, deren Element die *Luft* ist. Die Steine dieses Sternzeichens sind *Saphir* oder *Opal*. Die Zahl *Vier* und der *Samstag* bringen dem Wassermann Glück, die *Narzisse* ist seine spezielle Blume. Wenn es ein Sternzeichen gibt, das seine Freunde kaum zählen kann, dann ist es dieses. Vom Uranus angespornt, opfern sie ihr letztes T-Shirt für ihre Freunde und schließen schnell Kontakt mit jedem noch so verschrobenen Typen. Ihr Sinn fürs Praktische und ihre unersättliche Neugier sind mit Fantasie, Witz, Intelligenz und großer Anpassungsfähigkeit gepaart. Sie machen jede Mode mit, aber sie werden ihr immer eine ganz persönliche, unkonventionelle Note geben.

Doch Vorsicht, Wassermannmädchen lieben ihre Freiheit! Klammerfreundschaften sind nicht ihr Fall. Jungen, die es auf sie abgesehen haben, müssen es ganz besonders raffiniert anstellen. Sowohl in Sachen Liebe als auch in Sachen Freundschaft werden das am ehesten Zwillinge und Waagen schaffen. Fische sind mit Wassermännern auf einer Seelenlinie, aber nur, wenn der Wassermann das Sagen behält. Bei Stieren und Jungfrauen stehen die Freundschaftschancen ziemlich schlecht.

Fische (20. Februar–20. März)

Im Element *Wasser* daheim, gehorchen die Fische *Neptun* und *Jupiter*. *Mondsteine* oder *Chrysoprase* sind ihre Steine. Die Zahlen *Drei* und *Sieben* sind ihre Glückszahlen, der *Donnerstag* ist ihr chancenreichster Tag. Die Blüten- und Farbenpracht der *Tulpen* weist auch auf die Vielfalt ihrer Träume und Gefühle hin. Gutmütig, liebevoll, hilfsbereit, sanft und sehr weiblich, aber auch leicht verletzlich, sind diese Mädchen schnell den Tränen nahe. An den Rand ihres Matheheftes zeichnen sie vermutlich kleine Blümchen, und statt zu büffeln, träumen sie lieber vor sich hin. Sie haben ein tiefes Mitgefühl für die Schwachen und sind meistens diejenigen in der Klasse, die sich um die Außenseiter kümmern. Man hält sie irrtümlich oft für zerstreut oder traurig. Sie sind anfällig für Stimmungen und können feinfühlig auch unausgesprochene Vorbehalte mit ihren feinen Antennen erahnen. Ist ihnen die Wirklichkeit zu hässlich, flüchten sie sich in ein romantisches Traumland. Fischemädchen müssen darauf achten, dass man sie nicht ausnützt! Am einfühlsamsten werden Krebse und Skorpione mit ihrer empfindlichen Seele umgehen. Zwillinge und Schützen sorgen eher dafür, dass die Tränenflut kein Ende findet.

Wer Freunde ohne Fehler sucht,
bleibt ohne Freunde
Arabisches Sprichwort

▶ Wie finde ich die richtigen Freunde?

„Nur um den Einsamen schleichen Gespenster!", wusste
schon der Dichter Jean Paul, und das sagt eine ganze
Menge darüber, warum du Freunde brauchst. Gerade in
der Zeit, in der du anfängst, alle Erwachsenen in deiner
Umgebung mit sehr kritischen Augen zu betrachten, bietet eine gute Freundschaft Halt, Geborgenheit und Hilfe.
Alltagsärger, Zoff mit den Eltern, den ersten Liebeskummer oder die üblichen Schulprobleme stehst du besser
durch, wenn du mit jemandem darüber reden kannst, der
dich versteht.

Bei einer besten Freundin findest du das Verständnis, das
du bei Erwachsenen bisweilen vergeblich suchst. Was
aber tun, wenn du von einer solchen Freundschaft bisher
nur träumst? Wenn du zu den Außenseitern gehörst, die
sich sehnsüchtig eine gute Freundin wünschen? Wenn du
glaubst, dass dich keiner mag, weil niemand dich zu
einer Party oder ins Kino einlädt? Wenn du das deprimie-
rend scheußliche Gefühl hast, nicht so ungemein beliebt
zu sein?

Zunächst musst du herausfinden, woran das liegen könnte. Das erfordert ein gehöriges Maß an Selbstkritik. Hilfsmittel Nummer eins ist dafür absolute und bedingungslose Ehrlichkeit dir selbst gegenüber. Stell dir folgende Fragen, und beantworte sie ohne jede Schönfärberei.

▸ Woran erkenne ich, dass mich die anderen nicht mögen? (Wenn es mehrere Punkte gibt, schreibe sie auf.)
▸ Wird über mich geklatscht? Wenn ja, was?
▸ Was könnte andere an mir stören?
▸ Seit wann fühle ich mich als Außenseiterin?

Natürlich gibt es eine Reihe unangenehmer Eigenschaften, die nicht unbedingt die Sympathie anderer wecken. Unfaire Klatschbasen, Lügnerinnen oder Angeberinnen werden in jeder Gemeinschaft irgendwann entlarvt. Musst du dir keinen von diesen Grundfehlern abgewöhnen, kannst du schon den ersten Pluspunkt verbuchen.

Nun zu den Fragen. Es ist vermutlich schon schwer herauszufinden, warum man dich eventuell ablehnt. Wenn es keinen direkten Streit gegeben hat, hast du vermutlich nur so ein vages Gefühl, dass du nicht so rasend beliebt bist. Das macht dich erst recht unsicher, und du hast dich in eine Art Schneckenhaus zurückgezogen, in dem du nun darauf wartest, dass die anderen anklopfen und dich wieder herausholen. Aber inzwischen vergeht die Zeit, und nichts passiert. Was hast du falsch gemacht?

Möglicherweise bewirbst du dich bei der falschen Gruppe um Freunde und Aufmerksamkeit? Achte darauf, dass du dich an Mädchen oder Jungen mit den gleichen Interessen und Vorlieben wendest. Wahlfächer, Sportgruppen und Freizeitkurse sind gute Auswahlkriterien. Wer hoffnungslos unsportlich beim Volleyball mitstolpert, erntet höchstens Spott, aber selten Freundschaft.

Es kann aber auch sein, dass du den anderen durch die Art, wie du dich gibst, ohne Worte sagst: Hände weg von mir, ich will allein sein! Ich kann mich selbst nicht richtig ausstehen, warum sollte es euch anders ergehen!

Du kennst das doch von den Tagen, an denen so gut wie alles schief geht. Der Pickel auf der Stirn, der Knatsch beim Frühstück, der verpasste Bus, eine miese Arbeit in der Schule, Ärger in der Lehre, und außerdem regnet es. Eines kommt zum anderen. Spätestens im Bus hast du so ein Trauergesicht aufgesetzt, dass keiner auf die Idee kommt, dich auch nur nach der Uhrzeit zu fragen.

Ehe du Kumpel findest, die deinen Kummer mit dir teilen, musst du dich aus deinem Psychotief ziehen. Niemand kennt dich besser als du selbst. Du weißt, dass es eine Menge Seiten an dir gibt, die total prima sind und die auch anderen gefallen würden. Du hast keinen Grund, dich so überkritisch zu beurteilen! Sei netter zu dir! Wer sich selbst mag und mit sich zufrieden ist, vermittelt auch seiner Umgebung den Eindruck, dass es sich lohnt, ihn näher kennen zu lernen.

Jedes Erfolgserlebnis in Sport, Schule oder Beruf wird dir bestätigen, dass es in unbeschwerter, freudiger Stimmung sehr leicht ist, selbst Wildfremden zuzulächeln und auf dumme Sprüche eine schlagfertige Antwort zu geben. Diese Selbstsicherheit kannst du mit kleinen Schritten täglich trainieren, bis sie dir in Fleisch und Blut übergegangen ist.

Dieses Übungsprogramm macht keine Mühe, aber es ist ein kleiner Schubs gegen deine Schüchternheit:

‣ Antworte in ganzen Sätzen, wenn man dich etwas fragt, und nicht einfach mit Ja oder Nein.
‣ Stelle deinen Klassen- oder Arbeitskameraden Fragen. Wenn du dich Privates nicht traust, dann eben Dinge, die mit dem Stoff oder der Arbeit zusammenhängen.
‣ Lächle einfach, wenn dir nicht auf Anhieb etwas Schlagfertiges einfällt. Das zeigt, dass du zwar ein bisschen schüchtern bist, aber den Kontakt nicht abreißen lassen möchtest.
‣ Richte dich nicht immer nach der Mehrheit. Wage Widerspruch, wenn dir etwas nicht passt. Vertritt deine Meinung.
‣ Frage eine Vertrauensperson (das kann deine Mutter ebenso sein wie ein Lehrer, ein Freund oder einfach jemand, auf dessen Meinung du Wert legst), welche Fehler du ihrer Meinung nach im Umgang mit anderen machst und was du vielleicht ändern solltest.
‣ Erwarte keine Wunder innerhalb von zwei oder drei Tagen. Es hat eine Weile gedauert, ehe du dich in diese Abseitsposition manövriert hast. Es wird auch eine Zeit dauern, ehe die anderen merken, dass du nicht gerne abseits stehst.

Neben abweisenden Worten und einem falschen Schweigen kannst du auch durch Gesten und Körpersprache den Eindruck vermitteln, dass man dich besser in Frieden lassen sollte. Die anderen erkennen diese Botschaften und richten sich danach. Die Körpersprache drückt, im

Gegensatz zu deiner gleichgültigen Miene, deine geheimsten Empfindungen aus.

Wenn du sie aktiv gebrauchen lernst, kannst du in Zukunft die gröbsten Fehler vermeiden:

▸ Wer im Sitzen seine Beine übereinander schlägt und die Hände vor dem Körper verschränkt, sagt zum Beispiel: „Komm mir nur nicht zu nahe! Ich habe Angst vor dir!"

▸ Wer bei jedem Blick, der seinen trifft, schnell zur Seite schaut, steif und unbeweglich dasteht, demonstriert totale Abwehr.

▸ Auch der Ort, an dem du dich im Klassenzimmer oder in einem Partyraum aufhältst, verrät viel über dich. Suchst du Halt an einer Wand, ein Versteck im Hintergrund, oder drückst du dich gar in eine Nische? Stützt du dich auf einen Tisch oder einen Stuhl und schaust dauernd prüfend zur Tür? Damit machst du ohne Worte deutlich, dass du dich überhaupt nicht wohl fühlst.

Klar, es ist nicht jedermanns Sache, mitten im Raum spontan Reden zu halten oder sich auffordernd über die Haare zu streichen, was so viel heißt wie: Schau mich an, ich bin noch zu haben! Aber es ist wichtig, dass du den anderen zunächst eine Chance einräumst, dich wahrzunehmen und dich in ihre Unterhaltung mit einzubeziehen.

Die wichtigste Geste der Körpersprache ist, neben dem offenen und direkten Blick, die Berührung. Natürlich willst du einen Fremden nicht gleich am Arm packen, aber in der Klasse oder im Freundeskreis kannst du mit einer Berührung am Arm sehr wohl um Aufmerksamkeit bitten. Wer Freunde und Kontakt sucht, sollte versuchen, Berührungsängste abzubauen. Das zeigt, dass du längst nicht so gehemmt bist, wie die anderen irrtümlich von dir denken.

Viele Jungen sind da oft viel unbefangener als Mädchen. Manche müssen sogar erst mühsam lernen, dass es sehr wohl auch den falschen Augenblick für eine einfache Berührung gibt. Aber das ist ein ganz anderes Thema, auf das wir unter dem Stichwort „Liebe" noch zu sprechen kommen werden.

Und noch ein letzter Tipp für deine Suche nach Freunden: Wer sich einer Clique, einer Freundin oder einem Freund zuliebe total verändert und sich selbst verleugnet, ist auf dem Holzweg.

Eine wirkliche, richtige, gute Freundschaft bedeutet, den anderen nicht nur mit seinen Vorzügen, sondern auch mit seinen kleinen Webfehlern zu mögen und zu akzeptieren!

Tipp für Schüchterne: Brieffreundschaften!

Wenn dir alle guten Tipps nichts helfen und du hoffnungslos schüchtern die Zähne nicht auseinander bekommst,
such dir doch eine Brieffreundin. Schulen vermitteln oft
Brieffreundschaften im Ausland, oder du erhältst im Direktorat eine zentrale Adresse, an welche Organisation oder
Schule du dich wenden kannst, wenn du auf Englisch,
Französisch oder in einer anderen Sprache korrespondie-
ren möchtest. Ein Briefwechsel kann oft die Basis für persönliche Freundschaften werden und sogar zu Schüleraus-
tausch und Reisen führen. Wem speziell die letzten Punkte
zusagen, kann sich an diese Adressen wenden:

Gesellschaft für Internationale Jugendkontakte e.V.
Braunscheidtstraße 11
53173 Bonn
Telefon: 02 28/9 57 30-0
http://www.gijk.de   E-Mail: gijk@gijk.de

Deutsch-Amerikanische Studiengesellschaft e.V.
Pappelweg 1
89275 Oberelchingen
Telefon: 0 73 08/20 03
http://www.dasg.com   E-Mail: mail@dasg.de

Die Gesellschaft für Internationale Jugendkontakte hat
zwei Bücher herausgegeben, die dich über dieses Thema
zusätzlich informieren. Es handelt sich um „Working Holi-
days" und „Arbeiten und Lernen in Europa und Übersee".

▸ Schlechter Umgang

Der Fall ist in den Augen der Erwachsenen ganz klar. Sandra ist vierzehn Jahre alt und seit zwei Wochen heimlich mit Ben befreundet. Ihre Eltern dürfen nichts von dieser Freundschaft wissen. Ben ist sechzehn, trägt eine giftgrüne Irokesenbürste auf dem Kopf und steht auf schwarze Lederklamotten. Er ist von der Realschule geflogen, weil er einen Klassenkameraden so schlimm verprügelt hat, dass der ins Krankenhaus eingeliefert werden musste. Sandra glaubt ihm, wenn er sagt, dass er sich künftig nicht mehr prügeln will. Sie ist total verliebt in ihn. Aber sie weiß, dass ihr Vater einen Anfall bekommen wird, wenn er Ben sehen würde.

Bei Nicole ist es Aisha, die Anlass zu Krach und Diskussionen gibt. Eigentlich haben ihre Eltern nichts gegen Ausländer, dass jedoch Nicoles zwölfjährige türkische Freundin bei ihnen ein und aus geht, passt ihnen auch nicht in den Kram. Aber sie verbieten Nicole, Aisha zu Hause zu besuchen. Sie haben Angst, dass Nicole an Aishas Seite in eine ausländerfeindliche Auseinandersetzung verwickelt wird und dass ihr dabei etwas passiert.

Katrin ist erst dreizehn, aber sie trifft sich mit einem siebzehnjährigen Jungen, der nach Meinung der Eltern einen schlechten Einfluss auf sie ausübt. Er hat nach der Schule nicht gleich eine Lehrstelle gefunden und hängt jetzt ständig im Jugendzentrum herum, ohne sich groß um eine Anstellung zu kümmern. Seine Mutter hat Putzstellen angenommen, um sich und ihren Sohn zu versorgen. Der Vater hat die beiden schon vor Jahren verlassen. Dieser

Junge ist einfach nicht der richtige Umgang für sie, meinen Katrins Eltern.

Drei Beispiele für ein und dasselbe Problem. Dürfen dir Eltern eigentlich vorschreiben, mit wem du befreundet sein darfst? Haben sie ein Recht, dir eine Freundschaft zu verbieten? Dürfen sie deine Gefühle und Argumente so einfach vom Tisch wischen, nur weil sie am längeren Hebel sitzen?

„Ben ist schon rein optisch ein rotes Tuch für meine Regierung", seufzt Sandra. „Die legen ihn sofort in die Schublade Punker. Und dieser Blödsinn mit seiner Prügelei wird sie darin bestätigen. Ben ist ein toller Typ, ich weiß, dass er bei der Sache in der Schule von dem anderen provoziert worden ist. Er hat mir versprochen, dass ihm das kein zweites Mal passiert. Es ist schade, dass wir unsere Freundschaft geheim halten müssen. Ich hasse es zu lügen, nur weil ich mit ihm ins Kino gehen möchte."

 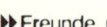

„Ich finde das verlogen, was meine Eltern da abziehen!",
meint Nicole. „Wenn Aisha ein deutsches Mädchen wäre,
würden sie kein Wort über ihr Elternhaus verlieren. Man
kann nicht nach außen für Toleranz eintreten, aber knei-
fen, wenn es darum geht, dafür einzustehen. Ich bin
schwer enttäuscht!"

„Mein Vater ist einfach sauer, dass ich zum ersten Mal
einen richtigen Freund habe!", sagt zum Beispiel Katrin.
„Er ist im Grunde eifersüchtig, und deswegen redet er
sich auf solche Sachen heraus, dass ich zu jung für einen
Freund wäre und so ... Ist doch Käse!"

Katrin, Nicole und Sandra sind minderjährig und stehen
noch in einem Abhängigkeitsverhältnis zu ihren Eltern.
Das bedeutet, dass sie sich irgendwie mit ihnen einigen
müssen. Solange sie noch nicht volljährig sind, können
sie weder ausziehen noch ihre Wünsche gegen den
Widerstand der Eltern durchsetzen.
Trotz bringt sie nicht weiter. Er verhärtet nur die Fronten.
Die Erwachsenen sitzen im Zweifelsfall am längeren Hebel. Zwar schreibt ihnen das Bürgerliche Gesetzbuch in
Paragraf 1926, Absatz 2, vor, dass sie bei der Erziehung
ihrer Sprösslinge *die wachsende Fähigkeit und das wachsende Bedürfnis des Kindes zu selbstständigem und ver-
antwortungsbewusstem Handeln* berücksichtigen sollen.
Es heißt dort: *Sie besprechen mit dem Kind, soweit es
nach dessen Entwicklungsstand angezeigt ist, Fragen der
elterlichen Sorge und streben Einvernehmen an.* Aber wie
dieses Einvernehmen zu erreichen ist, das verraten die
trockenen Paragrafen bedauerlicherweise nicht.

Die oft falsch verstandene, manchmal auch übertriebene elterliche Sorge, die hinter den meisten Verboten steckt, ist für Jugendliche schwer zu begreifen. Sie reagieren bockig, und schon ist das Vertrauensverhältnis total hinüber. Dabei ist ihr Wunsch nach mehr Selbstständigkeit und eigenen Erfahrungen doch völlig in Ordnung. Nur über die Wege, die dorthin führen, gehen die Meinungen eben viel zu oft auseinander.

Das Personensorgegesetz, das den Eltern alle Entscheidungsgewalt über ihr Kind zuspricht, soll körperliche und seelische Schäden vermeiden. In Sandras Fall zum Beispiel werden sich ihre Eltern sicher berechtigt Sorgen machen. Ben hat schon einmal die Gewalt über sich verloren. Ist er nun tatsächlich so viel reifer geworden, dass er sein Versprechen hält, oder wird er Sandras Zuneigung enttäuschen? Wer übernimmt die Verantwortung, wenn ihr etwas geschieht?

Es ist zwar verständlich, dass Nicoles Eltern fürchten, ihrer Tochter könnte etwas passieren, wenn ihre Freundin Aisha von einem beschränkten Typen angepöbelt wird und Nicole zu ihrer Verteidigung antritt, aber deshalb die Freundschaft zu verbieten ist sicher der falsche Weg. Auch Katrins Vater argumentiert sicher nicht nur aus Eifersucht, auch wenn man in Betracht zieht, dass es für Väter oft sehr schwer ist, den ersten Freund der Tochter zu akzeptieren.

In allen Fällen ist es sicher überspitzt, gleich den völligen Abbruch der Freundschaft zu verlangen. Wenn Katrin, Nicole und Sandra in die totale Defensive gedrängt werden, könnte es genau das Gegenteil von dem bewirken, was ihre Eltern bezwecken wollen. Die Mädchen schließen sich noch enger an ihre kritisierten Freunde an und verteidigen sie sowohl aus Fairness als auch aus Zuneigung gegen jeden Angriff.

Das wachsende Selbstständigkeitsstreben ihrer Töchter ist beängstigend und alarmierend für besorgte Eltern, auch wenn sie rein theoretisch durchaus akzeptieren, dass ihre Kinder erwachsen werden. In der Realität damit konfrontiert zu werden ist dann allerdings schwieriger. Dass eine übergroße Sorge diese Entwicklung zwar behindern, aber nicht verhindern kann, müssen allerdings auch Eltern oft erst lernen.

Es fördert das gegenseitige Verständnis, wenn du dir klar machst, dass auch deine Eltern gerade in einem Lernprozess stecken. Das berühmte klärende Gespräch ist für den Bestand eurer Familie lebenswichtig. Eltern, die über ihren autoritären Schatten springen und über ihre Befürchtungen, Gedanken und Ängste reden können, haben bereits einen wichtigen Schritt nach vorne getan.

Um bei den vorangestellten Beispielen zu bleiben: Katrins Eltern könnten sich doch bemühen, ihren Freund erst einmal näher kennen zu lernen. Auch Eltern sollten niemanden verurteilen, ohne ihn zu kennen.

Die Freundschaft von Aisha und Nicole muss bestehen bleiben. Die vage Furcht vor einer möglichen Gefahr, die vielleicht nie auftritt, ist kein Grund, den Freundinnen den Umgang miteinander zu verbieten. Sonst dürfte Nicole ja auch nicht mehr über die Straße gehen, damit sie nicht in Gefahr gerät, überfahren zu werden. Sobald Nicole aufhört, ihre Eltern wegen ihrer angeblichen Ausländerfeindlichkeit anzugreifen, werden diese sicher bereit sein, Argumente wie dieses zu überdenken.

Was Sandra und Ben betrifft, liegt die Sache ziemlich ähnlich. Auch wenn Ben vielleicht nicht das Traumbild eines Freundes für Sandras Eltern ist – wenn sie ehrlich von ihm und ihren Gefühlen für ihn berichtet und sich nicht in Heimlichkeiten und Lügen flüchtet, besteht zumindest eine Möglichkeit, dass ihre Eltern Ben eine Chance geben.

Totale Opposition blockiert grundsätzlich jeden vernünftigen Kontakt. Wenn man seinen Eltern jedoch beweist, dass man ruhig, selbstständig und konstruktiv argumentieren kann, dass man auch die Argumente anderer achtet und darauf eingehen kann, dann werden die Eltern fast immer bereit sein, ihrer Tochter mehr Freiheit und größere Selbstständigkeit zuzugestehen. Nicht zuletzt auch dann, wenn es um die Auswahl ihrer Freunde geht.

▶▶Liebe und Liebeskummer

Zwanzigmal das Gleiche!

So sagt man in Deutschland, Österreich und in der Schweiz:	Ich liebe dich

So sagt man in
Deutschland,
Österreich und in
der Schweiz: Ich liebe dich

in England
und Amerika: I love you

in Frankreich
und Belgien: Je t'aime

in Spanien
und Südamerika: Te quiero

in Italien: Ti amo

in Griechenland: S'agapó

in Portugal: Amo te

in Kroatien: Ja te volim

in Rumänien: Te jubesc

in Polen: Ja cie kocham

in Holland: Ik hou van je

in Schweden: Jag älskar dig

in Dänemark: Jeg elsker dig

in Norwegen: Jeg elsker deg

in Finnland: Minä rakastan sinua

in Russland: Ja tebja ljublju

in der Türkei: Ben sni sviyorum

in Ungarn: Szeretlek

in China: Wo ai ni

in Japan: Watakusbi wa anata
                            o aishimasu

▸ Ab wann bist du alt genug für die Liebe? Liebe ist ja eigentlich nichts Neues in deinem Leben. Seit du denken kannst, hast du geliebt. Deine Eltern, deine Geschwister, ein Haustier, deinen Teddy, deine beste Freundin ... Liebe ist also etwas Schönes, etwas Vertrautes für dich. Etwas, das in deinem Leben bisher Wohlbefinden ausgelöst hat, das für Trost, Geborgenheit und Zusammenhalt steht.

Aber plötzlich gerät dein Bild von der Liebe buchstäblich aus den Fugen. Das vertraute Gefühl wird zur totalen Erschütterung, und das harmlose Gernhaben wird zur ausgewachsenen Verzauberung. Du beginnst, die Liebe zu entdecken! Sie ist so vielschichtig, so besonders und aufregend, dass das Leben sie dir erst zumutet, wenn du einigermaßen reif dafür bist.

Bisher hast du vielleicht für einen Popstar oder einen Schauspieler geschwärmt. Du hast davon geträumt, wie es wäre, wenn du ihn kennen lernen würdest, wenn er dir sagte, wie sehr er dich mag, und wenn dich alle deine Freundinnen um ihn beneiden würden.

Das waren keine kindischen Dummheiten, sondern du hast das Verliebtsein zunächst an einem Menschen geübt, der dir nicht wehtun konnte. Auf der Schwelle vom Kind zum heranwachsenden Mädchen hast du diese Träume gebraucht, ehe die wirkliche Liebe in Form eines erreichbaren, richtigen Jungen in dein Leben getreten ist.

Diese aufwühlende erste Liebe zaubert Schmetterlinge in deinen Bauch, lässt dich auf Wolken schweben und die Welt um dich herum vergessen. Jetzt kommt in der Liebe für dich ein völlig neues Element ins Spiel: dein Körper.

Du beginnst deine Sexualität zu entdecken. Das ist weder etwas Schlimmes, noch musst du dich dafür schämen. Es ist das Natürlichste von der Welt, sich irgendwann zu verlieben und zu entdecken, dass nicht nur Herz und Seele, sondern auch der Körper eine große Rolle dabei spielen. Wenn dem nicht so wäre, gäbe es schließlich schon längst keine Menschen mehr auf der Erde.

Das lateinische Wort *pubertas*, von dem sich der Begriff Pubertät ableitet, heißt korrekt übersetzt Mannbarkeit. Die Pubertät bezeichnet allgemein, auch beim Mädchen, jene Phase des Lebens, in der ein Mensch beginnt, geschlechtsreif zu werden. Im günstigsten Fall endet die Pubertät nicht nur mit der körperlichen, sondern auch mit einer gewissen seelischen Reife. Dass diese Zeit der menschlichen Entwicklung nicht leicht ist und auch eine Menge Narben auf deiner Seele hinterlassen wird, machst du dir am besten gleich von Anfang an klar.

Liebe ist nicht nur ein Traum auf einer rosaroten Wolke, das totale Abheben von der Wirklichkeit, zur Liebe gehört auch die rabenschwarze Enttäuschung, die bittere Ernüchterung, ja manchmal sogar glühender Hass.

Von der Liebe wird erzählt, seit die Menschen Sprache haben, und jeder findet andere Worte für sie. Fest steht nur, sie ist ebenso wunderbar wie unvermeidlich.

Bisher waren Jungen vielleicht für dich Kameraden, Geschwister, Ärgernis, Sportkumpel oder eben nur x-beliebige Knaben. Plötzlich entdeckst du, dass einer unter ihnen etwas ganz Besonderes ist. Dass er ein wunderschönes Lachen hat, dass seine Augen wie blitzblauer Himmel strahlen oder der Klang seiner Stimme dir eine Gänsehaut den Rücken hinunterjagt. Das kann dir mit elf oder zwölf Jahren ebenso passieren wie erst mit fünfzehn.

Auch die Wissenschaftler können nicht erklären, wo der genaue Grund dafür liegt, dass man mit einem Schlag alles anders sieht. Keiner weiß, welcher Befehl die Hormonproduktion in Gang setzt, die deinen Körper und deine Seele verändert. Tatsache ist nur, dass die Pubertät bei Mädchen früher beginnt als bei Jungen. Und für alle beide viel eher als in den Generationen vor uns.

Die guten Lebensbedingungen, die ausreichende Ernährung und die umfangreiche Gesundheitsvorsorge sind mitverantwortlich dafür, dass sich dein Körper in diesem Tempo entwickelt hat. Deswegen wirst du dich auch viel früher als zum Beispiel deine Großmutter zum anderen Geschlecht hingezogen fühlen. Das ist völlig in Ordnung, und du brauchst dir deswegen keineswegs irgendwelche Schuldgefühle einreden zu lassen.

Damit deine ersten Versuche in Sachen Liebe gute Chancen haben, wäre es gut, wenn du ein paar wichtige Tatsachen über Jungen wüsstest. Auch wenn eine moderne Erziehung beide Geschlechter nicht mehr in das Rollenschema *starker Junge* und *schwaches Mädchen* presst, ein paar Unterschiede haben sich trotz aller guten Vorsätze der modernen Erziehung nicht ausrotten lassen.

Wenn zum Beispiel ein Mädchen Pullis strickt, ist das okay, und es wird dafür gelobt. Aber ein Junge mit Stricknadeln? Wetten, dass da viele Leute stutzen?

Wenn ein Mädchen heult, weil es vom Fahrrad stürzt, sagt niemand etwas. Aber ein Junge soll gefälligst die Zähne zusammenbeißen, er ist doch ein Mann!

Wenn du dich mit einer Freundin so prügelst, dass du blaue Flecken nach Hause bringst, gibt es Ärger, und man sagt dir womöglich, dass du dich unweiblich benimmst. Bei Jungen geht man mit einem Achselzucken darüber hinweg. Handgreifliche Rangeleien sind normal für sie. Im Gegenteil, man wertet es als Pluspunkt, dass sie sich durchsetzen können.

Irgendwann führen diese Reaktionen der Umwelt bei Mädchen und Jungen natürlich zu unterschiedlichen Verhaltensweisen. Handlungen, die gelobt und belohnt wurden, hat jeder von beiden unwillkürlich wiederholt. Andere Verhaltensweisen, die ständig kritisiert wurden, haben sie sich, so gut es geht, abgewöhnt.

Das Fazit dieses Lernprozesses bei den meisten Jungen: Sie haben schon frühzeitig und ganz nebenbei gelernt, dass es sich lohnt, alle sanfteren, weicheren Gefühle besser zu verstecken, damit man sie nicht für weibisch hält.

Das bedeutet nicht, dass Jungen keine solchen Gefühle haben. Sie sind genauso oft schüchtern wie Mädchen, sie sind genauso oft verunsichert oder traurig. Aber ihre Rolle ist eben in der Regel eher die des coolen Typen, der nicht weint und sich von niemandem etwas gefallen lässt.

Hinter dieser Maske verstecken die Jungen in der Pubertät wirkungsvoll ihre eigene Unsicherheit. Denn sie stellen sich natürlich dieselben Fragen wie du und haben auch ganz ähnliche Probleme.

Ohne Frage gibt es auch schon sensible, einfühlsame Jungen, denen es dennoch gelungen ist, das anerzogene Rollenschema zu durchbrechen. Aber sie haben es bei ihren männlichen Kameraden oft besonders schwer.

Eine ganze Menge Mädchen steht auch besonders auf jene Helden, die in der Schule, im Job, im Sport oder in der Clique das große Sagen haben.

Um keinen Fehlstart in der Liebe hinzulegen, solltest du den Jungen deiner Träume also genau unter die Lupe nehmen. Nicht jeder Junge, der dich auf die lässige Tour an der Bushaltestelle anmacht, ist so selbstsicher, wie er tut. Er riskiert eine Abfuhr von dir und braucht vermutlich seinen ganzen Mut, um den coolen Spruch über die Lippen zu bringen, den er sich seit Tagen für dich ausgedacht hat. Vielleicht entspricht sein lässiger Spruch nicht den romantischen Worten, die du dir in deinen Tagträumen ausgemalt hast, aber wie du müssen auch die Jungen erst nach und nach herausfinden, wie man sich dem anderen Geschlecht gegenüber verhält. Wenn du den mutigen Typen, der dich an der Bushaltestelle angesprochen hat, also nett findest, wenn du Schmetterlinge im Bauch hast, sobald du ihn siehst, wenn du ihn selbst auch unbedingt kennen lernen willst, weil du das Gefühl hast, dass mit ihm die Welt viel schöner, bunter und aufregender ist – dann bist du auch alt genug für die Liebe!

▶ **Die Tage, die alles verändern** Irgendwann zwischen deinem neunten und deinem sechzehnten Geburtstag bekommst du zum ersten Mal *deine Tage* (der Mediziner nennt es Menarche). Schon gute drei Jahre vorher hat dein Körper begonnen, sich zu verändern, ohne dass du etwas davon gemerkt hast. Damals hat dein Körper angefangen, die Hormonproduktion zu verstärken und weibliche Geschlechtshormone zu produzieren.

Bei jedem Mädchen beginnt so unter Einfluss des Hormons Östrogen die Entwicklung der äußeren Geschlechtsmerkmale. Bei den Jungen heißt das Hormon, das ihre körperliche Entwicklung vorantreibt, Testosteron. Es verursacht bei ihnen unter anderem den Bartwuchs und die tiefere Stimme.

Vielleicht hast du schon gemerkt, dass sich in letzter Zeit deine Brüste gerundet haben, dass deine Körperbehaarung dichter geworden ist und dass du oft von wechselnden Launen geplagt wirst, die dich manchmal zur Verzweiflung treiben. Kaum zu glauben, dass ein Hormon so viele Dinge gleichzeitig bewirken kann, nicht wahr?

Wenn dein Körper so viel Östrogen produziert, dass sich nicht nur dein Aussehen wandelt, sondern auch eine Eizelle in den Eierstöcken wachsen und reifen kann, setzt der Monatszyklus ein, und du bekommst zum ersten Mal eine Periodenblutung.

Ein Grund zum Feiern, denn damit hast du den ersten unverwechselbaren Beweis für dein Dasein als Frau bekommen. Du kannst stolz darauf sein! In den nächsten 35 bis 40 Jahren wird sich dieser Zyklus im monatlichen Rhythmus periodisch wiederholen. Sicher hast du den Begriff *Periode* in diesem Zusammenhang schon einmal gehört. Von nun an ist es auch möglich, dass die Eizelle, die in dir reift, von einem männlichen Samen befruchtet wird und ein Kind entsteht.

Meistens kündigt sich die erste Regelblutung schon mehrere Monate vorher an. Aus deiner Scheide tritt ein glasiger weißlicher Ausfluss. Man nennt ihn Weißfluss. Jeden Monat wird nun einer deiner Eierstöcke eine Eizelle produzieren. Welcher von ihnen den Impuls dafür bekommt, ist bisher noch ein Rätsel der Natur. Es stimmt offenbar nicht, dass sich die beiden Organe von Monat zu Monat abwechseln. Aber mehr weiß man darüber noch nicht.

Sobald eine Eizelle reif ist, wird sie beim so genannten Eisprung auf dem Höhepunkt des Monatszyklus abgestoßen. Sie wandert durch den Eileiter. Auf diesem Weg, der zirka vier Tage Zeit in Anspruch nimmt, kann sie befruchtet werden, wenn sie mit einem männlichen Samen in Berührung kommt. Passiert das nicht, stirbt sie ab, ohne dass du etwas davon merkst.

Die Gebärmutter, die währenddessen eine dicke Schleimhaut gebildet hat, in der sich eine befruchtete Eizelle einnisten könnte, stößt dieses Nährgewebe nun wieder ab. Die Muskeln der Gebärmutter ziehen sich während dieser Tage ein wenig zusammen. Das verursacht vielen Frauen mehr oder weniger starke Unterleibsschmerzen. Eine Mischung aus Blut, Schleim und Schleimhautstückchen wird zusammen mit der abgestorbenen, unbefruchteten Eizelle ausgeschieden. Da es sich nicht um reines Blut handelt, ist dieser Ausfluss eher bräunlich.

Du musst dir keine Sorge wegen des verlorenen Blutes machen! Bei einer normalen Menstruation verlierst du etwa die Menge eines halben Wasserglases. Dein Körper ersetzt diesen Verlust ohne Probleme.

Normalerweise dauert diese Blutung, die so genannte Menstruation, zwischen vier und sechs Tagen. Der erste Tag der Blutung wird zugleich als erster Tag des neuen Zyklus gerechnet. Es wird jedoch einige Zeit dauern, ehe sich dein Zyklus regelmäßig eingependelt hat. Da du erst am Beginn deiner Entwicklung stehst, ist der Eisprung noch unregelmäßig, und es ist durchaus nicht ungewöhnlich, dass du sechs bis acht Wochen oder sogar noch länger auf eine Wiederholung warten musst.

Es kann ein bis zwei Jahre dauern, ehe sich ein regelmäßiger Zyklus eingependelt hat. Ein Zyklus dauert in der Regel zwischen einundzwanzig und achtundzwanzig Tagen.

Damit du jedoch eine gewisse Kontrolle über deinen Zyklus hast, wäre es ratsam, wenn du einen Menstruationskalender führen würdest. Spezielle Heftchen dafür gibt es in jeder Apotheke. Es genügt aber auch, wenn du dir einfach Kreuzchen in einen Taschenkalender machst. Abgesehen davon, dass jeder Frauenarzt für diese Informationen über die Regelmäßigkeit deiner Periode dankbar ist, bemerkst du dabei vielleicht auch, ob du vor, nach oder während dieser Tage unter lästigen Stimmungsschwankungen leidest.

Auslöser dafür sind, wie bereits erwähnt, die Hormone. Bestimmte Drüsen deines Körpers bilden diese chemischen Substanzen. Sie veranlassen, dass Organe angeregt werden oder ihre Arbeit aufnehmen, und sie regulieren das Ergebnis. Wenn es um deine Tage geht, bilden zum Beispiel mehrere Hormone ein Team. Aus der Hirnanhangdrüse (Hypophyse) werden die Hormone FSH und LH auf den Weg geschickt, während gleichzeitig damit der Befehl weitergeleitet wird, dass in den Eierstöcken die weiblichen Geschlechtshormone Östrogen und Gestagen gebildet werden sollen.

Ein anderes Hormon, das Prostaglandin, ist dafür verantwortlich, dass deine Gebärmutter sich zusammenzieht. Der dabei eventuell entstehende Menstruationsschmerz ist neu und unangenehm für dich. Die Bewegungen in deinem Unterkörper können gerade anfangs sehr kräftig sein, was zur Folge hat, dass die Blutungen ebenfalls stark sind und du krampfartige Schmerzen hast.

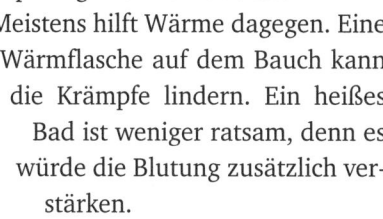

Meistens hilft Wärme dagegen. Eine Wärmflasche auf dem Bauch kann die Krämpfe lindern. Ein heißes Bad ist weniger ratsam, denn es würde die Blutung zusätzlich verstärken.

Kräutertees aus Kamille, Schafgarbe oder Melisse und alles, was Körper und Seele entspannt, tun dir gut. Schmerzmittel solltest du nur nehmen, wenn alle anderen Mittel versagen. Am besten ist Aspirin, der Wirkstoff Acetylsalicylsäure hemmt die Prostaglandinproduktion und wirkt damit krampfhemmend.

Freilich ist es auf jeden Fall besser, einen Frauenarzt aufzusuchen. Er kann dir bestätigen, dass bei dir organisch alles in Ordnung ist, und dir im Notfall zu einem Medikament raten, das weder zu stark noch zu schwach für dich ist.

Die Hormone verursachen aber nicht nur rein körperliche Vorgänge, sie beeinflussen auch dein seelisches Befinden. Mithilfe deines Menstruationskalenders stellst du vielleicht fest, dass du in der zweiten Zyklushälfte, kurz vor den Tagen, stärkeren Stimmungsschwankungen ausgesetzt bist und dich manchmal selbst nicht leiden kannst. Deine Haut ist unreiner, du bekommst mehr Pickel als sonst und würdest morgens am liebsten gar nicht erst aufstehen.

Es gibt sogar einen wissenschaftlichen Namen für diese körperlichen und seelischen Veränderungen vor den Tagen: PMS, das so genannte prämenstruelle Syndrom. Du bist keineswegs hysterisch, wenn du darunter leidest. Vielen Frauen geht das ebenso. Der Mangel an bestimmten Vitaminen, das gestörte hormonelle Gleichgewicht oder schlicht die Reaktion auf seelischen und körperlichen Stress, das alles scheint dazu beizutragen. Wahrscheinlich wird es dir besser gehen, sobald die Blutung eingesetzt hat. Und wenn es dir gut geht, wenn du ausgeglichen und zufrieden bist, wirst du sicher weniger unter diesen prämenstruellen Spannungen leiden.

Die Zeiten, in denen Frauen als launisch, unberechenbar und unrein galten, ja gar als krank, weil sie ihre Tage bekamen, sind glücklicherweise vorbei. Niemand behauptet mehr, dass die Milch sauer wird, weil sie von einer Frau berührt wurde, die gerade menstruiert!

Darüber können wir heute nur lachen. Kein Mädchen wird von Schule, Beruf oder Freizeitgestaltung ausgeschlossen, nur weil es gerade seine Tage hat. Doch die negative Grundhaltung zur weiblichen Blutung, die sich jahrhundertelang durch die abendländische Gesellschaft gezogen hat, ist noch nicht völlig ausgemerzt. Ein Bodensatz dieser alten Ammenmärchen hat sich hartnäckig gehalten.

Junge Mädchen, die sich selbst mögen, die ihren Körper und ihr Frausein akzeptieren, leiden weniger häufig unter Menstruationsbeschwerden.

So fröhlich und unbeschwert kannst du natürlich nur sein, wenn du dich sauber, gepflegt und rundherum wohl fühlst. Für welchen Blutungsschutz du dich dabei entscheidest, bleibt dir überlassen. Die meisten Mädchen bevorzugen Binden, die aus Watte und Zellstoff bestehen. Eine Kunststofffolie verhindert, dass das Blut durchfeuchtet, und ein Klebestreifen sorgt für sicheren Halt im Slip.

Sportliche und sehr aktive Mädchen, die sich auch während ihrer Periode nicht einschränken möchten, wählen lieber Tampons. Das Röllchen aus saugfähiger, gepresster Baumwollwatte wird in die Scheide geschoben und nimmt dort das Blut auf. Es staut die Flüssigkeit nicht, sondern saugt sie auf. Zum Wechseln ziehst du es an einem Baumwollfädchen ganz einfach heraus. Welche Größe du wählst, hängt von der Stärke deiner Blutung ab und nicht vom Platz in deiner Scheide. Sie ist dehnbar. Auch bei ganz jungen Mädchen ist das Jungfernhäutchen elastisch genug, um den Tampon durchzulassen.

Binden kannst du so oft wechseln, wie du möchtest. Beim Tampon jedoch solltest du schon darauf achten, ihn nicht länger als acht bis zehn Stunden in der Scheide zu lassen. Die richtige Größe hast du, wenn das Watteröllchen länger als vier Stunden für absolute Sicherheit sorgt. Dann ist es auch so feucht, dass es problemlos herausgleitet. Wer zu oft wechselt oder ein zu großes Format verwendet, merkt schnell, dass die Scheide austrocknet und die Prozedur sich ziemlich unangenehm anfühlt.

Übrigens, dünne Slipeinlagen sind eine prima Sache, wenn du erst Weißfluss hast oder auch zum Ende der Periode hin nur noch ein paar Tropfen nachsickern. Achte jedoch darauf, dass du sie öfter wechselst. Zwischen Plastikfolie und Scheide entsteht sonst Stauwärme, und das ist das ideale Klima für Bakterien.

Noch ein Wort zum Stichwort Bakterien. Wer die Hygiene übertreibt und mit Intimsprays und Scheidenspülungen hinter jedem einzelnen Keim her ist, erreicht genau das Gegenteil. Bei einem gesunden Mädchen sorgt der Körper selbst bis zu einem gewissen Grad für Gesundheit in der Scheide. Der Schleim, der ihre Innenwände bedeckt, enthält zum Beispiel Säurebakterien, die schädlichen Organismen den Garaus machen. Wenn du mit Chemie in dieses Gleichgewicht eingreifst, bringst du es durcheinander und gibst möglichen Entzündungen erst recht eine Chance.

Es genügt, im Bereich der Schamlippen und des Afters die Haut morgens und abends mit warmem Wasser zu reinigen. Selbst milde Seifen und reizfreie Waschlotionen nur sparsam verwenden! Es ist nicht nötig, dass du in deinem intimsten Bereich wie eine Parfümerie duftest. Achte lieber darauf, dass du deine Unterwäsche regelmäßig wechselst und dass sie locker sitzt und nirgends zwickt, dann kann unangenehmer Körpergeruch gar nicht erst entstehen – weder vor noch während oder nach der Menstruation.

Ein guter Grund zum Feiern ...

... war und ist es bei vielen Völkern, wenn ein Mädchen zum ersten Mal ihre Menstruationsblutung bekommt.

Bei den Indianerstämmen der Apachen zum Beispiel feierte früher das ganze Dorf, wenn ein Mädchen zur Frau wurde. Die Tatsache, dass sie nun in den Kreis der heiratsfähigen Frauen aufrückte, war so bedeutsam, dass das gesamte Dorf daran Anteil nahm.

Ein Volk in Indien begeht das Ereignis mit einem feierlichen Bad. Danach bekommt das Mädchen seine ersten Frauenkleider überreicht. Man kann dort schon am Kleid eines jungen Mädchens erkennen, ob es bereits zum Kreis der möglichen Mütter gehört oder nicht.

Die Mädchen der Makololos in Simbabwe bekommen sogar einen anderen Namen für ihr neues Frauenleben. Sie dürfen mit ihren Freundinnen eine ganze Woche lang ein riesiges Fest feiern.

In immer mehr Familien auch in unseren Breitengraden wird diese Anregung ebenfalls aufgegriffen. Eine schicke Einladung zum Essen, eine Party oder ein besonderes Schmuckstück zur Erinnerung an dieses einschneidende Ereignis werden immer beliebter.

Ein hübscher Brauch! Schließlich ist es wirklich ein Grund zum Feiern!

▶ Wie machst du einen Jungen an?

Du bist bis über beide Ohren in den süßen Typen aus der Parallelklasse verliebt, und irgendwie hast du das deutliche Gefühl, dass er dich auch ganz gerne sieht. Einer von euch beiden müsste endlich den Anfang machen – du vielleicht? Die Frage ist nur: wie? Unser Test verrät dir, ob du die Kunst der Anmache beherrschst, den guten alten Flirt!

1 *Der Jugendclub ist heute besonders öde. Du hast deine Freundin schon zum Nachhausegehen überredet, als plötzlich ein Typ hereinspaziert, der haargenau wie dein Traumprinz aussieht. Wie bringst du es fertig, dass er dich bemerkt?*

Ⓐ Ich versuche, so nahe wie möglich an ihn heranzukommen und seinen Blick festzuhalten. Dann lächle ich ihn strahlend an und hoffe, dass er ein Gespräch mit mir beginnt.

Ⓑ Ich lasse mich von meiner Freundin gegen ihn schubsen und entschuldige mich wortreich bei ihm.

Ⓒ Ich sage: „Hallo, bist du neu hier? Ich habe dich noch nie gesehen", und erzähle im folgenden Gespräch ganz beiläufig, wer ich bin und wo ich wohne.

2 *Auf der letzten Party hast du fast die ganze Zeit nur mit einem Jungen geredet und getanzt. Danach hörst du kein Wort von ihm. Was tust du, um dich bei ihm in Erinnerung zu bringen?*

ⓐ Warten. Ich bin keines von den Mädchen, die einem Jungen hinterherlaufen.

ⓑ Ich versuche, ihn in der Schule oder irgendwo anders abzufangen, und spiele ihm vor, dass ich ganz überrascht bin, ihn zu sehen, weil ich gar nicht mehr an ihn gedacht habe.

ⓒ Ich ärgere mich über den Blödsinn und beschließe, ihn auf der Stelle zu vergessen.

3 *Bei einer öden Familienfete langweilt sich auch ein entfernter Cousin von dir, den du bisher immer grässlich gefunden hast. Als dir aufgeht, dass er tatsächlich mit dir flirtet, denkst du dir:*

ⓐ Ob er sich geändert hat? Ich kann ihm ja mal eine Chance geben.

ⓑ Ausgerechnet der! Dann schon lieber Tante Friedas Rheumastorys anhören!

ⓒ Ein Supertyp, den habe ich völlig falsch eingeschätzt. Ich könnte mich glatt verlieben.

4 *Du triffst dich das erste Mal mit einem Jungen, den du schon lange sehr sympathisch findest. Leider schüttest du dir vor lauter Aufregung die Cola über dein T-Shirt. Wie rettest du die Situation?*

ⓐ Ich verschwinde für ein paar Minuten in der nächsten Toilette und versuche, die Flecken zu beseitigen.

ⓑ Ich lache über meine Ungeschicklichkeit und tupfe die Cola mit einem Papiertaschentuch etwas ab. Kann doch jedem mal passieren.

ⓒ Am liebsten würde ich vor lauter Scham im Boden versinken. Sobald es möglich ist, setze ich mich mit dem Versprechen ab, mich später wieder zu melden.

5 *Du bist mit eurem Klassensprecher befreundet. Mitten im Schuljahr bekommt ihr eine Neue, die vom ersten Tag an mit deinem Freund flirtet. Was tust du dagegen?*

ⓐ Ich denke mir einen fiesen Streich aus, der ihr klar macht, dass sie sich mit mir nicht anlegen darf.

ⓑ Ich knirsche mit den Zähnen und schwöre Rache, aber mehr fällt mir im Augenblick nicht dazu ein.

ⓒ Gar nichts. Ich weiß, dass mein Freund mich mag und mir auch treu ist. Ich vertraue ihm.

6 *An welchem Ort würdest du dich am liebsten mit einem Jungen treffen, mit dem du dich das allererste Mal verabredest?*

ⓐ In einem Lokal oder einem Café, das zu meinen üblichen Stammtreffs zählt.

ⓑ In einem ganz besonders heißen Schuppen, den ich schon seit langem mal von innen sehen wollte.

ⓒ Ich überlasse es lieber dem Jungen, den Treff zu bestimmen.

7 *Möchtest du einen Freund haben, der in dieselbe Klasse geht wie du oder in derselben Firma arbeitet?*

ⓐ Das wäre mir unangenehm, weil ich immer das Gefühl hätte, dass die anderen uns beobachten und lästern.

ⓑ Das fände ich prima, dann sind wir auch zusammen, wenn wir arbeiten müssen.

ⓒ Ich würde unsere Freundschaft geheim halten. Ich möchte nicht, dass die anderen etwas davon erfahren. Das geht nur uns beide etwas an.

8 *Du gehst mit deinem neuen Freund im Stadt-park spazieren. Klar, dass ihr einen besonders einsamen Weg sucht. Plötzlich bricht eine große, herrenlose Dogge aus dem Gebüsch und galoppiert euch entgegen. Du suchst Schutz bei deinem Freund und siehst, dass er selbst Angst hat. Was tust du?*

a Mitzittern. Hunde über Dackelgröße sind mir einfach nicht geheuer.

b Ich bleibe ruhig stehen und versuche keine Angst zu zeigen. Vermutlich ist das Kalb ausgerückt und will nur mit uns spielen.

c Ich bin echt sauer. Von meinem Freund erwarte ich, dass er mich beschützt.

9 *Der letzte Bus fährt dir vor der Nase weg. Es ist Nacht, und außer dir sitzt nur noch ein netter Typ im Wartehäuschen. Wie reagierst du?*

a Ich frage ihn verzweifelt, ob er eine Ahnung hat, was wir jetzt tun können.

b Ich ärgere mich erst, dann mache ich mich zu Fuß auf den Weg. Ich kann ja hier nicht übernachten.

c Ich frage den Jungen, in welche Richtung er muss und ob wir uns nicht gemeinsam ein Taxi leisten können, wenn er bei mir in der Nähe wohnt.

10 *Ein Knabe aus eurer Clique hat deine Freundin und dich zu einem Grillfest eingeladen. Als ihr das Gartenhäuschen erreicht, in dem die Fete steigen soll, stellt ihr fest, dass nur zwei Jungs auf euch warten. Bist du empört?*

ⓐ Anfangs schon, aber dann machen wir eben das Beste aus dem Fest.

ⓑ Ganz und gar nicht. Das ist doch eine tolle Idee, damit wir endlich mal allein sind.

ⓒ Ich veranstalte einen Riesenzirkus und verdrücke mich sofort wieder. So eine Unverschämtheit!

Auswertung:

Um zu erfahren, wie es um dein Flirttalent steht, musst du zusammenzählen, wie oft du a, b oder c gewählt hast. Unter dem am häufigsten gewählten Buchstaben kannst du nachlesen, wie du abgeschnitten hast. Hast du jeden Buchstaben ungefähr gleich oft gewählt, überlege noch mal, ob du auch wirklich immer ganz ehrlich geantwortet hast. Kann es sein, dass du so unterschiedlich reagierst und eine Mixtur aus allem bist?

ⓐ Mehr Eigeninitiative ist nötig:

In deinen romantischen Träumen ist immer alles perfekt. Der richtige Junge, die richtige Stimme, die richtige Um-

gebung, tolle Musik, Happyend! Schade, dass du im Alltag dann so zugeknöpft und unsicher reagierst. Wenn du an einen Jungen gerätst, der selbst gegen seine Hemmungen kämpfen muss und darauf wartet, dass du ihm mit einem kleinen Zeichen signalisierst, dass du interessiert bist, wird nie etwas aus euch. Auch wenn er dir noch so sympathisch ist, du wartest immer, bis er die Initiative ergreift und den ersten Schritt tut. Tut er es nicht – Pech für euch beide. Schade, auch wenn du noch so schüchtern oder stolz bist, ein kleines Lächeln, ein Blick, der etwas länger dauert, damit vergibt man sich nichts. Wage doch einfach einmal einen Versuch!

ⓑ Deine Tricks haben es in sich!

Sobald dir ein Junge ins Auge sticht, gehst du die Sache wie ein Feldherr an. Der Zufall hat in deinen Plänen nichts zu suchen, du willst gewinnen, und deswegen lässt du dich auf kein Risiko ein. Du informierst dich genau über dein *Opfer*, denn du möchtest keine Fehler machen und hast ein bisschen Angst, dass die Sache außer Kontrolle gerät. Gegen deine Art, einen Jungen zu erobern, ist nichts einzuwenden, solange du auch deinem Herzen ein Mitspracherecht einräumst. Dein Talent, andere ein bisschen zu manipulieren, darf dich nicht dazu verführen, dich auf diese Weise selbst zu bestätigen. Du könntest sonst leicht in den Ruf kommen, die Jungen nur an der Nase herumzuführen, und das willst du doch nicht – oder?

ⓒ Der Flirt steckt dir im Blut!

Du kannst gar nicht anders, als zu lächeln, wenn dir ein Typ gefällt. An deinen guten Tagen bist du von einer so ansteckenden Fröhlichkeit, dass du alle um dich herum mitreißt. Man kann dir einfach nicht böse sein, auch wenn du manchmal einfach drauflosflirtest, ohne dir etwas dabei zu denken. In deinem Übermut taust du sogar Typen auf, die normalerweise die Zähne nicht auseinander bekommen.

Bist du jedoch einmal fest mit einem Jungen zusammen, musst du aufpassen, dass du mit deiner lockeren Art nicht seine Eifersucht weckst. Die wenigsten vertragen es, wenn ihre Freundin vom Eismann bis zum Busfahrer jeden Typen anstrahlt, als wäre er die absolute Krone der Schöpfung.

▸ Erste Liebe – Urknall oder Pleite?

Du bist verliebt! Total weg, sobald du den Typen deiner Träume auch nur von weitem siehst. Egal nun, ob dich diese Gefühle von einer Sekunde auf die andere überfallen haben oder ob du ihn schon geraume Zeit von der Schule, aus der Disco oder dem Bus kennst, das Problem ist dasselbe. Wie kommst du an ihn ran, und wie geht es danach weiter?

Zum Thema „Anmachen" hast du auf den vorhergehenden Seiten ja bereits einige Tipps bekommen. Ein Geheimrezept dafür gibt es leider nicht. Sicher ist nur eines, je verzweifelter du dich bemühst, einen Jungen auf dich aufmerksam zu machen, umso hoffnungsloser wird die Angelegenheit.

Einen Freund zu haben ist sicher sehr schön. Aber vergiss bitte nicht, dass dein Leben durchaus auch ohne einen Jungen lebenswert ist! Die totale Fixierung auf den Status der Freundin führt nur dazu, dass du dich in eine Außenseiterrolle hineinsteigerst. Dass du wild nach Fehlern an dir suchst. Denn irgendeinen Grund muss es ja geben, dass dich noch keiner gefragt hat, ob du mit ihm gehen möchtest.

Ein Tipp: Statt einen Jungen zu lieben, schenk doch dem

Mädchen deine Zuneigung, das dir morgens aus dem Spiegel entgegenschaut!

Blödsinn? Von wegen! Ein Mädchen, das sich selbst mag, bewegt sich, gibt sich und reagiert anders als eines, das den Kritikerpreis in Sachen Selbstverurteilung gewinnen möchte. Niemand ist vollkommen! Steh zu dir! Steh zu deiner Figur, deinem Gesicht, deinen Talenten. Lass dir von Werbung und Medien nicht einreden, dass alle Mädchen langbeinig, langhaarig, schlank und total gut drauf sein müssen, damit sie akzeptiert werden! Mädchen sind so verschieden wie Jungen, und ein jedes ist auf seine eigene, unverwechselbare Art hübsch. Bei dir ist es vielleicht dein Lachen, bei deiner Freundin sind es die Augen, und bei einer Dritten ist es ihre Schlagfertigkeit, die einem Jungen gefallen.

Auch wenn du es kaum für möglich hältst, es sind gerade die superattraktiven Mädchen, die die größten Probleme im Umgang mit dem anderen Geschlecht haben und keinen Partner finden.

Die meisten Jungen verdächtigen diese Luxusausgaben nämlich von vornherein, untreu und flatterhaft zu sein. Eine solche Traumfrau kann sich ihrer Meinung nach nicht nur mit einem abgeben. Also lassen sie lieber gleich die Finger von ihr, um nicht enttäuscht zu werden.

Aber wenn du dich selbst magst, trotz der paar Macken, die jeder von uns hat, verströmst du ganz unbewusst eine Harmonie und Fröhlichkeit, die anderen Menschen auffällt. Man kann es Charme, Charisma oder schlicht persönliche Ausstrahlung nennen. Das wirkt wie ein sachtes, unaufdringliches Parfüm: Man nimmt dich als eine sympathische Person wahr, die jeder gerne näher kennen lernen möchte.

Dieses Selbstbewusstsein, das du sicher nicht von heute auf morgen erreichst, sondern in kleinen Schritten trainieren musst, hilft dir auch dann weiter, wenn es dir wirklich gelungen ist, deinen Traumboy auf dich aufmerksam zu machen. Du hast es geschafft, aber die Probleme sind deswegen noch lange nicht vom Tisch.

Die erste Verabredung ist bereits der erste Test: Disco, Kino, Café oder Eisbahn zeigen, dass er nichts dagegen hat, mit dir gesehen zu werden, dass er zu eurer Freundschaft steht und sich nichts daraus macht, dass ihn seine Freunde vielleicht mit dir aufziehen.

Einsame Spaziergänge, die eigene Bude, oder wenn dein Freund schon älter ist, Spritztouren mit dem Motorrad oder dem Auto weisen darauf hin, dass er gern allein mit dir sein möchte. Vielleicht auch, dass er gern mit dir schmusen möchte.

Willst du dir das mit den Zärtlichkeiten erst noch ein bisschen überlegen, kannst du ja ganz diplomatisch einen nicht ganz so einsamen Treff vorschlagen. Es ist sicher vernünftiger, wenn ihr euch erst ein bisschen näher kennen lernt. An ein paar Dingen merkst du leicht, wie ernst es ihm mit eurer Freundschaft ist.

Ist er aufgeregt, wird er sogar rot und wischt sich die feuchten Hände an den Jeans ab, darfst du sicher sein, dass er viel zu nervös ist, um dich anzulügen. Ihm scheint eine Menge an dir zu liegen.

Kannst du dich bei Verabredungen auf seine Pünktlichkeit, bei Versprechungen auf seine Zuverlässigkeit und im Notfall auch auf seine Verschwiegenheit verlassen, dann ist er sicher nicht nur an deiner attraktiven Erscheinung, sondern an deiner ganzen Person interessiert.

Es sagt auch viel über einen Jungen aus, wie er seine Freunde behandelt. Wenn er in der Clique gern schwindelt, sich nichts dabei denkt, Eltern und Geschwister an der Nase herumzuführen, und andere mit einem Schulterzucken versetzt, solltest du auch die Dinge, die er dir erzählt, kritisch unter die Lupe nehmen.

Auch die obercoolen Machos, die wortgewaltig von der Liebe reden und dabei von Anfang an ihre Hände nicht bei sich behalten können, genießt du besser mit Vorsicht. Natürlich wissen diese cleveren Knaben, was ein Mädchen gerne hören möchte. Ihre so genannte Liebe ist nur Egoismus. Sobald sie gehabt haben, was sie wollten, lassen sie dich abfahren.

Aber wer denkt schon an Vernunft, sobald das Herz rast, die Knie zittern und sich die ganze Welt dreht? In dieser Situation hast du nur eine einzige vernünftige Ratgeberin: dich selbst! Nur wenn du bis tief ins Innerste davon überzeugt bist, dass du das Gleiche möchtest wie dein Freund, dann sag Ja!

Viele Mädchen haben einfach Angst, einen Jungen abzuweisen. Sie lassen sich gerade in Sachen Sexualität in Situationen manövrieren, die ihnen eigentlich unangenehm sind. Nähe und Intimität sind etwas sehr Schönes, aber nur, wenn beide es wollen!

Die körperliche Liebe ist etwas, wozu man bereit sein muss. Warum willst du diesen Berg mit zweihundert Sachen hinaufdüsen? Du verzichtest zum einen auf einen sehr schönen, gemeinsamen Weg, der eure Partnerschaft mehr und mehr festigt, und du riskierst zum anderen, dass du danach ohne Halt schmerzhaft abstürzt.

Möglich, dass dein Freund deine Weigerung nicht ernst nimmt, dass er glaubt, du zierst dich, um dich interessant zu machen. In diesem Fall liegt es an dir, mit deutlichen Worten für klare Fronten zu sorgen.

Ein Mädchen, das offen sagt: „Ich habe dich sehr lieb, und ich bin gerne mit dir zusammen, aber ich möchte dich genau kennen lernen, ehe ich mit dir schlafe. Bitte lass mir Zeit dazu, und dränge mich nicht!", wird nie missverstanden.

Ein vernünftiger Junge, der dich nicht nur mag, sondern auch achtet, wird deine Bitte akzeptieren und eure Freundschaft deswegen nicht aufs Spiel setzen. Es ist ja gerade das Zeichen für eine gute Partnerschaft, dass alle Entscheidungen gemeinsam getroffen werden und keiner den anderen zu etwas drängt.

Wann du den großen Schritt letztendlich wagst, dafür gibt es keine Regeln. Wie du zur Sexualität stehst, hängt nicht nur von deiner Zuneigung zu einem ganz besonderen Jungen ab, sondern auch von den Dingen, die du bisher erlebt hast.

Ist es daheim für dich eine Selbstverständlichkeit, dass deine Eltern miteinander schmusen, sehnst du dich sicher auch irgendwann danach, diese Intimität gemeinsam mit einem Jungen, den du magst, kennen zu lernen. Ist deine Mutter von ihrem Mann enttäuscht oder verlassen worden, hat deine große Schwester ständig Liebeskummer, dann wirst du wahrscheinlich auch vorsichtig werden. Du hast erkannt, dass eine zu enge Bindung auch großen Schmerz bereiten kann, und deswegen fällt dir die Entscheidung schwer. Auch die Erfahrungen deiner Freundinnen beeinflussen dich natürlich.

Doch deine Entscheidung, wann, wo und mit wem du die sexuelle Seite der Liebe erkunden willst, die solltest du ganz allein für dich treffen. Hast du dich für das Ja entschieden, brauchst du deswegen kein schlechtes Gewissen zu haben oder dich zu schämen. Sexualität ist die natürlichste Sache der Welt.

Es ist ganz allein deine Angelegenheit. Du bist niemandem Rechenschaft schuldig. Wenn du es tust, weil du es willst, voller Liebe und Zuneigung, wenn dein Partner diese Gefühle erwidert, dann kann eigentlich kaum etwas schief gehen.

Ort und Zeit für dieses Ereignis sind nicht das Wichtigste, aber doch bedeutsam. Bequem, ungestört und angenehm für euch sollte es auf jeden Fall sein. Das erste Mal eingeklemmt zwischen Autositz und Schaltung ist zwar sicherlich auch unvergesslich, aber vielleicht doch nicht ganz das, was man erhofft und erwartet hat. Ein kleiner Bruder, der ins Zimmer platzt, wenn man ihn überhaupt nicht brauchen kann, zerstört die zärtlichste Stimmung. Für das erste intime Kennenlernen solltet ihr euch auch

Zeit lassen können, ohne hektischen Blick auf die Uhr! Über Verhütung müsst ihr unbedingt vorher sprechen! Will dich ein Junge mit dem Argument überreden, dass beim ersten Mal nichts passieren kann, ist das eine glatte Lüge! Sobald du Periodenblutungen hast, besteht immer die Möglichkeit, dass eine Eizelle befruchtet wird. Wer ohne Verhütungsmaßnahmen miteinander schläft, geht leichtsinnig ein Risiko ein!

Du wirst aufgeregt sein, schrecklich flatterig und sehr nervös. Den meisten Jungen geht es ganz ähnlich. Hinzu kommt, dass sie rein vom Anatomischen her viel leichter durchschaut werden können. Ob ein Mädchen sich nach Sex sehnt, ist äußerlich nicht sichtbar, beim Jungen schon. Ob ein Mädchen Erfüllung gefunden hat, kann ein unerfahrener Mann kaum beurteilen, bei deinem Partner verrät der Penis genau, wie er sich fühlt.

So wie du dich fragst, ob er dich ohne Kleider hübsch findet, ob ihm dein Busen zu klein, zu groß oder zu spitz ist, so besorgt überlegt er, was du von seinem Glied hältst. Jungen neigen dazu, die Größe dieses Körperteils für wesentlich wichtiger zu halten, als es ist. Sexuelle Erfüllung hängt nicht davon ab, wie viele Zentimeter der Penis misst.

Es wird euch beiden auch trotz aller Vertrautheit im ersten Moment seltsam vorkommen, den anderen völlig nackt zu sehen. Das ist ein Augenblick, der in erster Linie mit Zärtlichkeit und in zweiter Linie mit Fröhlichkeit überbrückt werden kann. Liebe ist eine schöne und eine heitere Sache! Peinlichkeit hat dabei nichts zu suchen, aber dafür jede Menge Lachen. Tu einfach, wonach dir ist. Und wenn plötzlich eine beklemmende Stimmung aufkommt, eine Kissenschlacht kann die Verlegenheit auflockern.

Rein technisch weißt du sicher, was beim Geschlechtsverkehr passiert. Der Junge dringt mit seinem Glied in die Scheide des Mädchens ein. Durch gemeinsame Bewegungen erreichen beide einen Höhepunkt, der auch Orgasmus genannt wird. Das ist der Idealfall, der Urknall der Liebe! Sogar Liebespaare, die sehr vertraut miteinander sind, erleben das nicht jedes Mal. Es ist weder schlimm noch ein Zeichen von Versagen, wenn du dieses wundervolle Erlebnis vor deinem Partner erreichst oder er vor dir.

Möglicherweise tut sich aber beim ersten Mal auch eine Reihe von Schwierigkeiten auf, ehe ihr so richtig abheben könnt. Dein Jungfernhäutchen, ein weicher Hautkranz um den Scheideneingang, wird durchstoßen, und das kann Schmerzen bereiten. Auch ist das Gefühl, einen Jungen in sich zu spüren, vielleicht für dich im ersten Moment so ungewohnt, dass du es mit der Angst zu tun bekommst. Du lieferst dich aus, du erlaubst einem anderen Menschen die intimste Begegnung mit dir. Es ist ein ebenso neues wie fremdartiges Erlebnis für dich!

Vermutlich hat auch dein Freund Probleme. Nicht alle Jungen haben selbst schon Erfahrungen. Oft wissen sie auch nur das, was unter Freunden erzählt wird oder was sie irgendwo gelesen haben. Oft glauben sie, dass sie der große Lover sein müssen, und setzen sich damit unnötig unter Druck. Vielleicht sogar so sehr, dass die vermeintliche Katastrophe passiert. Sie können sich nicht länger beherrschen und haben einen Orgasmus, noch ehe ihr richtig zusammengekommen seid.

Jetzt ist dein Freund auf deine Hilfe angewiesen. Zeige ihm, dass es Unsinn ist, wenn er sich dafür schämt! Er findet dich eben so fantastisch, dass er sich nicht länger beherrschen konnte. Na und?

Das erste Mal ist schließlich erst der Beginn eurer sexuellen Liebe. Es werden noch viele Male folgen, die es euch ermöglichen, diese schöne Seite der Liebe in allen Formen kennen zu lernen. Voller Leidenschaft, voller Zärtlichkeit und Sehnsucht, aber auch voller Fröhlichkeit und voller Lachen!

▶ Ein paar Begriffe zum Thema Sexualität

Egal, ob du bereits ganz konkret daran denkst, in nächster Zeit mit deinem Freund zu schlafen, oder nicht, es gibt sicher jede Menge Fragen. Unser Aufklärungs-Abc soll ein paar der wichtigsten beantworten.

Abtreibung Eine Schwangerschaft darf in der Bundesrepublik nur bis zum Ende des dritten Monats (12. Woche) abgebrochen werden. Das Gesetz erkennt dringende soziale, medizinische oder ethische Gründe dafür an und verlangt eine ausführliche Beratung der Patientin. Zwischen diesem Gespräch und dem medizinischen Eingriff müssen drei Tage liegen. Das Ganze ist keine schwere Operation. Der Arzt weitet den Muttermund und saugt das Gewebe mit dem befruchteten Ei ab. Obwohl der Eingriff selbst nur ein paar Minuten dauert, ist es für jede Frau sicherlich eine schwierige Entscheidung. Es ist auf jeden Fall besser, du informierst dich eingehend über Verhütungsmöglichkeiten, ehe du mit einem Jungen schläfst.

Aids Diese vier Buchstaben stehen für die englischen Worte „*A*cquired *i*mmune *d*eficiency *s*yndrome" und heißen übersetzt „erworbene Abwehrschwäche des Immunsystems". Das Immunsystem der an Aids erkrankten Menschen ist nicht länger in der Lage, Krankheitserreger abzuwehren. Trotz intensiver Forschung gibt es gegen Aids kein Heilmittel. Jeder, der daran erkrankt, wird früher oder später daran sterben. Bei Aidskranken kann aus einem harmlosen Schnupfen ganz schnell eine tödliche Lungenentzündung werden. Das tödliche HIV-Virus wird durch Blut und Samenflüssigkeit übertragen. Auch die Feuchtigkeit, die sich in der Scheide einer Frau bildet, wenn sie sexuell erregt ist, kann es weitergeben. Ein einziger ungeschützter sexueller Kontakt mit einem Infizierten kann bereits genügen, um sich anzustecken. Sicher ist, jede noch so winzige Verletzung ist eine lebensgefährliche Einladung für das Virus. Wirksam schützen kannst du dich nur, wenn dein Freund ein Kondom verwendet. Das ist doppelt wichtig, wenn du das erste Mal mit einem Jungen schläfst. Die kleine Verletzung, mit der das Jungfernhäutchen einreißt, könnte schon verhängnisvoll sein. Trotz aller Vorsicht musst du jedoch nicht in Panik geraten. Du kannst einen Freund umarmen, küssen oder gemeinsam mit ihm von einem Teller essen, ohne dass die Gefahr einer Ansteckung besteht. Weder Mückenstiche noch der Kontakt mit Haustieren oder die Benutzung fremder Toiletten, Sportstätten, Schwimmbäder oder Saunen gefährden dich. Auch infizierte Schulkameraden bilden keine Ansteckungsquelle. Willst du mehr über Aids erfahren, kannst du dich an folgende Adresse wenden:

Deutsche AIDS-Hilfe e. V.
Bundesverband der regionalen AIDS-Hilfen
Dieffenbachstraße 33
10967 Berlin
Telefon: 0 30/6 90 08 70
http://www.aidshilfe.de
E-Mail: dah@aidshilfe.de

Antibabypille Die sicherste Verhütungsmethode für junge Mädchen ist die Antibabypille. Das Medikament enthält normalerweise die weiblichen Hormone Östrogen und Gestagen. Die verhindern, dass in den Eierstöcken eine Eizelle heranreift. Das bedeutet, dein monatlicher Zyklus besteht nur noch aus unfruchtbaren Tagen, da kein befruchtungsfähiges Ei produziert wird. Zudem verändern die Hormone die Gebärmutterschleimhaut, sodass sich auch keine befruchtete Eizelle dort einnisten kann. Da die Pille jedoch einen bedeutsamen Eingriff in deine Körperfunktionen darstellt, muss sie auf jeden Fall vom Arzt verschrieben werden. Nebenwirkungen sind selten, aber nicht auszuschließen. Deswegen wird dein Frauenarzt darauf bestehen, dass du zu einer halbjährlichen Kontrolluntersuchung kommst. Ehe er dir das richtige Präparat verschreibt, wird er dich genau untersuchen. Wenn du Übergewicht hast, Bluthochdruck oder Diabetes, muss er ebenso aufpassen wie bei Blut- und Leberkrankheiten. Danach wird er vermutlich eine so genannte Mikropille auf das Rezept schreiben. Es handelt sich dabei um die Pille mit den geringsten Hormonmengen, die aber trotzdem wirksam verhütet. Es ist möglich, dass du Zwischenblutungen, Übelkeit, Kopfschmerzen oder Brustspannen bekommst. Normalerweise sind diese Beeinträchtigungen nach spätestens zwei Monaten vorbei. Wer allerdings raucht, sollte das Nikotin auf die Verbotsliste setzen. Die Pille in Kombination mit Rauchen kann schwere Gesundheitsschäden hervorrufen! Bitte lies dir vor der ersten Einnahme die Gebrauchsanweisung genau durch. Gewöhne dir an, die Pille an einen Ort zu legen, wo du sie nicht vergessen kannst.

Aufklärung Normalerweise ist es die Sache deiner Eltern, dich auch in Sachen Liebe und Sexualität zu einem informierten, selbstbewussten Mädchen zu erziehen. Auch in der Schule steht Sexualerziehung auf dem Lehrplan. Vielleicht findet sich ja auch eine andere Vertrauensperson als Eltern oder Lehrer, mit der du über diese Dinge reden kannst. Triffst du überall auf Unverständnis, wende dich an folgende Adresse:

PRO FAMILIA-Bundesverband
Stresemannallee 3
60596 Frankfurt
Telefon: 0 69/63 90 02
http://www.profamilia.de
E-Mail: info@profamilia.de

Dort nennt man dir die Adresse der nächsten Beratungsstelle, die dir weiterhilft.

Berührungen Die Haut ist das größte und sensibelste Sinnesorgan des Menschen. Ein einziger Quadratzentimeter deiner Haut enthält rund sechs Millionen Zellen, ganz zu schweigen von den Blutgefäßen, den Nervenfasern, Schweiß- und Talgdrüsen. Tastkörper und Nervenzellen leiten jede noch so winzige Empfindung an dein Gehirn weiter. Eine Berührung kann dich am ganzen Körper erschauern lassen. Sie kann Aufmunterung, Trost und Zuneigung bedeuten. Es ist ganz einleuchtend, dass du jetzt den Rangeleien aus Kindertagen lieber aus dem Weg gehst. Auch das aufdringliche Getätschel eines lieben Nachbarn oder die Streicheleinheiten einer Tante sind out. Kein Grund, deswegen ein schlechtes Gewissen zu haben! Wer dich und wen du berührst, ist ganz allein deine eigene Entscheidung!

Bisexualität Eine Frau oder ein Mann wird als bisexuell bezeichnet, wenn sie oder er sowohl in der homosexuellen Liebe als auch in der heterosexuellen Liebe Erfüllung findet. In unterschiedlichem Maß hat wohl jeder Mensch die Anlage zur Bisexualität. Aber die meisten leben nur eine Seite aus.

Busen Zwischen dem elften und vierzehnten Lebensjahr fangen deine Brüste an zu wachsen. Unter der Haut bilden sich jetzt Milchdrüsen. Wie dein Busen dann am Ende aussehen wird, ob er groß oder klein, rund oder spitz sein wird, das kannst du nicht beeinflussen. Keine Diät lässt ihn kleiner werden, und keine Massagecreme lässt ihn wachsen. In der Brust ist ein besonders empfindsames Nervennetz, das dich jede zärtliche Berührung ganz besonders intensiv empfinden lässt. Wie schnell deine Brüste wachsen, ist ganz unterschiedlich. Zwischen 16 und 18 Jahren werden sie ihre endgültige Größe erreichen, und es ist völlig normal, dass die rechte Brust (wenn du Rechtshänderin bist) ein wenig größer ist. Die totale Symmetrie gibt es in der Natur nicht. Ab wann du deinen Busen mit einem BH stützt, musst du selbst entscheiden. Je größer er ist, umso angenehmer wirst du es finden, wenn es nicht so „schaukelt". Besonders beim Sport. Dass der Brustmuskel ohne BH besser trainiert wird, ist ein Gerücht. Wenn du verhindern möchtest, dass deine Haut zu sehr gedehnt wird, ist es besser, wenn du sie mit einem BH entlastest.

Chemische Verhütungsmittel Das sind zum Beispiel Zäpfchen, die sich in der Scheide in Schaum verwandeln und den männlichen Samen abtöten. Auch Gels und cremeförmige Mittel zählen dazu. Leider ist keines von ihnen völlig sicher, sodass sie eigentlich nur in Verbindung mit dem Kondom zu empfehlen sind.

Coitus interruptus Früher hat man den Coitus inter-ruptus allen Ernstes als Verhütungsmethode bezeichnet. Wer dir diesen alten Hut aufbindet, ist ganz schön ah-nungslos. Man versteht darunter, dass der Mann kurz vor seinem Höhepunkt sein Glied aus der Scheide der Frau herauszieht, damit sein Samen sich nicht in ihrer Scheide ergießt. Da jedoch schon zu Beginn der sexuellen Erre-gung des Mannes kleine Mengen von Samenflüssigkeit austreten, ist diese Methode alles andere als sicher.

Cunnilingus Stimulierung der weiblichen Geschlechts-organe mit der Zunge.

Diaphragma Es handelt sich um eine kleine Gummikap-pe, die vor den Muttermund geschoben wird. Dort ver-hindert sie die Befruchtung der Eizelle. Das Gummihüt-chen wird mit samentötender Creme bestrichen und vor dem Geschlechtsverkehr in die Scheide eingeführt. Die passende Größe wird vom Frauenarzt verschrieben.

Dreimonatsspritze Ähnlich wie die Pille wirkt die Drei-monatsspritze über das Hormon Gestagen. Dadurch wird der Eisprung verhindert. Sie hat aber stärkere Nebenwir-kungen als die Pille. Vermutlich wird dein Frauenarzt nicht bereit sein, sie bei einem jungen Mädchen zu ver-schreiben.

Duft Dass man einen Menschen, den man gerne mag, auch gut riechen kann, ist kein dummer Spruch, sondern eine Tatsache. Auch du hast deinen eigenen, ganz unver-wechselbaren Duft. Es hat also durchaus seinen Grund, dass du deine Nase gern an der Schulter deines Freundes vergräbst. Ihn kannst du eben zurzeit besonders gut riechen.

Ei Es gibt eine ganze Anzahl von Körperorganen, die dich befähigen, ein Kind zu bekommen. Das Leben entsteht aus der befruchteten *Eizelle,* die im *Eierstock* wächst und dann durch den *Eileiter* in die Gebärmutter wandert.

Eichel Hier handelt es sich um die Spitze des männlichen Gliedes, eine der empfindsamsten Körperstellen des Mannes.

Ejakulation Das ist der medizinische Fachausdruck für den Ausstoß der Samenflüssigkeit aus dem Penis des Mannes. Es ist das äußere Zeichen dafür, dass er einen Orgasmus gehabt hat.

Empfängnisverhütung Über dieses Thema solltest du dich mit deinem Freund unbedingt unterhalten, *ehe* ihr zum ersten Mal miteinander schlaft. Sich lieben heißt auch Verantwortung füreinander tragen. Wer dich überrumpelt und das Thema Verhütung verdrängt, der handelt verantwortungslos. Neben der Antibabypille und den chemischen Verhütungsmitteln gibt es noch eine Reihe anderer Möglichkeiten, eine Schwangerschaft zu verhindern. Zum Beispiel die *Spirale* oder das *Kondom*. Die *Pille danach* ist nur eine Notlösung, wenn ihr wirklich mal andere Verhütungsmittel vergessen habt oder ein Kondom kaputtgegangen ist. Vierundzwanzig bis achtundvierzig Stunden nach dem Geschlechtsverkehr eingenommen, verhindert sie, dass sich die befruchtete Eizelle in der Gebärmutter einnistet. Die *Pille danach* muss vom Arzt verschrieben werden und hat einige Nebenwirkungen.

Erektion Wenn sich das Glied eines Jungen versteift und größer wird, nennt man das Erektion. Damit haben die Jungen in der Pubertät oft ihre liebe Not. Berührungen oder sexuelle Fantasien führen zur Erektion. Während ihrer Entwicklungszeit müssen auch Jungen mit einem schwankenden Hormonspiegel fertig werden und mit Reaktionen, die sich ihrer Kontrolle entziehen. Sie deswegen zu verspotten, wäre gemein.

Fellatio Stimulation des Gliedes mit Lippen und Zunge. Wenn dir das jedoch unangenehm sein sollte, dann solltest du das klar sagen.

Follikel Hinter diesem Namen verbirgt sich die Eizelle.

Fötus Die befruchtete Eizelle im Bauch der Mutter nennt der Mediziner während der ersten drei Monate der Schwangerschaft Embryo, danach ist es ein Fötus.

Genitalien Der Sammelbegriff für die männlichen und weiblichen Geschlechtsorgane.

Geschlechtskrankheiten Wer mit einem anderen schläft, schenkt ihm nicht nur seine Liebe, sondern auch eine Portion Pilze, Viren und Bakterien. Sie sind normalerweise völlig harmlos, können aber auch gefährlich werden. *Gonorrhöe, Syphilis* oder *Aids* muss es nicht unbedingt sein, aber Pilzinfektionen können auch schon sehr lästig sein. Auf jeden Fall müsst ihr beide zum Arzt gehen, damit keine neue Ansteckung möglich ist. Mit Salben, Zäpfchen und entsprechenden Tabletten kann meistens schnell geholfen werden. Bei folgenden Alarmzeichen solltest du dich sofort untersuchen lassen: jede Art von Ausfluss (vor allem, wenn er riecht), Brennen und Jucken in der Scheide, merkwürdige Schmerzen im Unterleib, die du dir nicht erklären kannst, Schmerzen beim Geschlechtsverkehr, Brennen im Mund nach dem Küssen.

Gynäkologe Die Gynäkologie ist die Frauenheilkunde. Auf dem Weg vom Kind zur Frau wirst du früher oder später in der Praxis eines Gynäkologen oder einer Gynäkologin landen. Lass dich bei der Auswahl des Arztes ruhig beraten. Denn es ist wichtig, dass der Arzt auch ein Mädchen in deinem Alter freundlich und aufmerksam behandelt. Wenn du den Besuch ohne deine Mutter machen möchtest, ist das auch in Ordnung. Die Schweigepflicht des Mediziners schließt auch dich ein. Abgesehen davon, dass du die Pille verschrieben haben möchtest, wenn du regelmäßig mit einem Jungen schläfst (dann solltest du alle sechs Monate zur Kontrolluntersuchung gehen), gibt es eine Reihe von Gründen, die einen Besuch beim Frauenarzt erforderlich machen:

- Störungen im Menstruationszyklus (zu lange, zu kurz, unregelmäßige Abstände; längeres Ausbleiben, große Schmerzen; mehr Blut als sonst).
- Starker Ausfluss, obwohl du nicht deine Tage hast.
- Schmerzen, Juckreiz oder sichtbare Veränderungen im und am Unterleib.
- Schwierigkeiten beim Stuhlgang oder beim Wasserlassen.

Bei deinem Besuch beim Frauenarzt musst du eine Überweisung oder die Gesundheitskarte mitbringen. Wenn du einen Menstruationskalender führst, ist das ein wichtiges Hilfsmittel für den Arzt. Nimm beim ersten Mal ruhig eine Freundin oder deine Mutter zur seelischen Unterstützung mit. Nach der Angabe deiner Personalien wird der Arzt oder die Ärztin ein gründliches Gespräch mit dir führen, in dem er/sie sich sowohl über deine früheren Krankheiten als auch über deine Entwicklung informiert. Erst danach folgt die körperliche Untersuchung.

Heterosexualität Die auf Angehörige des jeweils anderen Geschlechts gerichtete Sexualität.

Hoden Im Hodensack *(Skrotum)* des Mannes befinden sich die beiden eiförmigen Hoden *(Testis)*. Hier wird der männliche Samen produziert. Durch die Samenleiter wird er zu den Samenbläschen transportiert, wo er mit Samenflüssigkeit verdünnt wird, damit er beweglich genug ist und leichter durch die Harn-Samen-Röhre fließen kann. Die dunkle, gefältelte Haut des Hodensackes ist sehr sensibel und empfänglich für Zärtlichkeiten.

Homosexualität Die gleichgeschlechtliche Liebe ist in unserer Gesellschaft ein heikles Thema. Ein Junge ist längst noch nicht homosexuell, nur weil er vielleicht auch einmal mit einem Freund die eine oder andere Zärtlichkeit ausgetauscht hat. Stellt er jedoch auch in den kommenden Jahren fest, dass er sexuelle Erfüllung nur bei Männern finden kann, ist er wahrscheinlich schwul.

Homosexuelle Mädchen werden Lesbierinnen oder Lesben genannt. Auch ein Mädchen ist natürlich nicht unbedingt lesbisch, wenn es zärtliche Gesten oder Küsse mit einer Freundin austauscht. Und selbst wenn man sich sexuell und emotional stärker oder ausschließlich zu gleichgeschlechtlichen Partnern hingezogen fühlt, dann ist man weder pervers noch ein Monster. Man hat sich dann lediglich für eine bestimmte Art der Liebe, für eine bestimmte Art zu leben entschieden. Schließlich kann sich doch jeder selbst aussuchen, wen er lieben will!

Hormone Hormone sind körpereigene chemische Wirkstoffe, die Stoffwechsel, Fortpflanzung und Wachstum steuern. Damit deine Entwicklung vom Kind zur Frau in Gang kommt, werden zum Beispiel Gonodotropine gebildet, die die Keimdrüsen stimulieren und die Produktion anderer Hormone anregen.

Hymen Das so genannte *Jungfernhäutchen* hat glücklicherweise in den letzten Jahren an Bedeutung verloren. Das weiche Häutchen, das den Scheideneingang eines Mädchens verengt, wird im Normalfall beim ersten Geschlechtsverkehr eingerissen. Das bisschen Blut, das bei dieser Verletzung austritt, galt früher als unwiderlegbarer Beweis dafür, dass ein Mädchen als *Jungfrau* in die Ehe ging. Inzwischen ist längst medizinisch bewiesen, dass das Hymen beim Sport, beim Reiten oder Radfahren oder auch beim unsachgemäßen Einführen eines Tampons schon gerissen sein kann. Oder es ist so elastisch, dass es überhaupt nicht einreißt.

Intimhygiene Dass du auf frisch gewaschene Haare, regelmäßiges Duschen und Zähneputzen achtest, ist selbstverständlich für dich. Auf ein paar Punkte sollte jedes Mädchen im Interesse seiner Gesundheit unbedingt achten. Wische mit Toilettenpapier ausschließlich von vorne nach hinten. Du willst doch nicht, dass Darmbakterien in deine Scheide gelangen. Die Scheide und den Po mindestens zweimal am Tag mit viel warmem Wasser waschen. Spezialseife, Intimspülungen oder Sprays kannst du dir sparen. Sie reizen nur die sensible Haut in der Scheide, wodurch sie viel anfälliger für Infektionen wird. Das bedeutet, auch Parfüm hat im Intimbereich nichts zu suchen. Achte darauf, dass du immer frische Wäsche anhast und nicht sieben Tage in der Woche ausschließlich hautenge Jeans trägst.

Jungfrau Wie schon beim Stichwort *Hymen* erläutert, war es noch vor wenigen Generationen auch bei uns für jedes anständige Mädchen Pflicht, als Jungfrau in die Ehe zu gehen. Manchmal musste sogar das blutige Betttuch der Hochzeitsgesellschaft zum Beweis für die vollzogene Ehe gezeigt werden. Wenn deine Eltern sehr religiös sind oder aus dem südeuropäischen Kulturraum kommen, zum Beispiel aus der Türkei, Griechenland, Italien oder

Spanien, kann es sein, dass du noch mit der Forderung, Jungfrau zu bleiben, konfrontiert bist. Kannst du nicht offen mit deinen Eltern darüber reden, solltest du dich an eine Vertrauensperson oder eine der offiziellen Beratungsstellen wenden, die eventuell vermitteln können.

Kitzler oder Klitoris Beide Worte bezeichnen das Gleiche, ein kleines, etwa erbsengroßes Organ direkt vor der Scheide zwischen den inneren Schamlippen. Die Klitoris kann sich ähnlich wie das männliche Glied bei sexueller Erregung vergrößern. Sie ist eine der empfindlichsten Stellen des weiblichen Körpers, da hier viele Nervenenden zusammenlaufen.

Kondom Man nennt es auch *Präservativ, Präser* oder *Pariser*. Gemeint ist in allen Fällen dasselbe: eine hauchdünne Gummihülle, die über das steife Glied gerollt wird und die beim Orgasmus die Samenflüssigkeit des Mannes auffängt, sodass sie nicht in die Scheide der Frau gelangen kann. Kondome gibt es inzwischen in allen Formen und Farben. Sogar in verschiedenen Geschmacksrichtungen. Wichtig ist, dass ihr nur ein Qualitätsprodukt verwendet. Ein geprüftes Markenkondom ist mit dem Aufdruck *dlf* versehen, das bedeutet, die *Deutsche Latexforschung* hat das Material auf seine Haltbarkeit hin begutachtet. Kondomhersteller, die Wert auf Qualität legen, haben sich zu dieser Kontrollinstanz zusammengeschlossen. Du bekommst Kondome in Apotheken, Drogerien oder einer Condomerie. Letztere sind eine Gründung der Organisation „Pro Familia" und in vielen Großstädten zu finden. Bei Kondomen aus dem Automaten müsst ihr unbedingt auf das Haltbarkeitsdatum achten und nachsehen, ob die Packung unbeschädigt ist. Da Kondome feucht beschichtet eingeschweißt werden und manche sogar samentötende Wirkstoffe enthalten, sind sie nur eine bestimmte Zeit wirksam!

Die Anwendung ist auch für Anfänger unproblematisch. Das Kondom auf das steife Glied legen, die Spitze nach oben. Jetzt kann es nach unten abgerollt werden. Dabei die Gummispitze, in der etwas Raum für den Samen ist, festhalten, damit dieser Raum auch während des Abrollens erhalten bleibt. Nach dem Geschlechtsverkehr ist es besser, das Glied aus der Scheide zu ziehen, ehe es sich wieder verkleinert. Dabei sollte man den unteren Gummirand festhalten, damit es sich nicht vom Glied löst. Danach gehört das Gummiding in die Mülltonne und dein Freund ins Bad, um sich Hände und Penis zu waschen. So ist jede Gefahr beseitigt, dass beim zärtlichen Schmusen danach noch Samenflüssigkeit übertragen wird.

Lesben Homosexuelle Frauen werden oft Lesben genannt. Siehe *Homosexualität*.

Masochismus Empfinden von sexueller Erregung beim Erdulden körperlicher und seelischer Misshandlungen.

Masturbation Selbstbefriedigung. Du hast sicher irgendwann bemerkt, dass es höchst angenehme Gefühle bereitet, wenn du deinen Kitzler oder die Schamlippen streichelst. Das kann bis zu einem Orgasmus führen und ist weder schlecht noch gesundheitsschädlich oder gar unmoralisch! Im Gegenteil, es ist gut, deinen Körper und auch deine sexuellen Reaktionen auszuprobieren. Und wenn du dich selbst befriedigst, so ist überhaupt nichts dagegen einzuwenden, sondern es ist ein ganz natürliches menschliches Bedürfnis.

Menstruation Die monatliche Blutung, die auch *Periode* genannt wird. Siehe auch das Kapitel „Die Tage, die alles verändern".

Natürliche Empfängnisverhütung Für diese Verhütungsmethode musst du deinen Zyklus ganz genau kennen. Du musst über einen Zeitraum von mehreren Monaten jeden Morgen zur gleichen Zeit deine Temperatur messen. Wenn die Temperatur plötzlich um 0,4 bis 0,6 Grad Celsius steigt, ist das der Tag des Eisprungs. Die nächsten Tage sind deine fruchtbaren Tage. Wenn du während dieser Tage ungeschützt mit einem Mann schläfst, ist es sehr wahrscheinlich, dass du schwanger wirst. Aber für junge Frauen ist diese Verhütungsmethode nicht zu empfehlen. Ihr Zyklus ist noch zu unregelmäßig.

Onanie Ein anderes Wort für Selbstbefriedigung. Siehe auch *Masturbation*.

Orgasmus Wer dir einreden will, dass körperliche Liebe nur dann vollkommen ist, wenn sie im Orgasmus, dem absoluten sexuellen Höhepunkt, endet, der hat keine Ahnung. Dann weiß er nichts von dem Genuss, den Nähe, Zärtlichkeit und intime Liebkosungen auch ohne diese große Explosion bereiten können. Es ist möglich, dass du erst im Laufe der Zeit lernst, dich so fallen zu lassen, dass du einen Orgasmus bekommst. Das ist kein Grund zur Panik!

Rein biologisch bewirkt ein Orgasmus, dass Atmung und Herzschlag schneller werden und die Durchblutung zunimmt. Aber den total irren Höhepunkt, den Liebesgeschichten und Romane verkaufen, erlebt jeder ganz subjektiv anders.

Partnerwechsel In unserem Kulturkreis wird niemand von einer Frau verlangen, dass sie in ihrem Leben nur einen einzigen Mann liebt und diesem ewig treu bleibt. Oft trennen sich die Wege eines Liebespaares wieder, und jeder findet einen neuen Partner. Das ist völlig normal. Aber es gibt eine Reihe von Vorsichtsmaßnahmen. Zum Beispiel solltest du dich nur auf intime Zärtlichkeiten einlassen, wenn ihr beide euch über Verhütungsmittel einig seid. Im Zeitalter von Aids ist verantwortungsvolle Vorsicht auch ein Zeichen von gegenseitiger Liebe!

Penis Das männliche Glied.

Petting Das englische Wort „pet" hat mehrere Bedeutungen – „Kuscheltier", „liebkosen", „fummeln". Petting ist meistens die erste Erfahrung im Bereich der sexuellen Liebe. Du lernst die angenehmen Gefühle kennen, die es dir bereitet, wenn du gestreichelt und liebkost wirst, und du stellst fest, dass du deinem Partner das gleiche Vergnügen bereiten kannst. Beim Petting kommt es allerdings nie zum Geschlechtsverkehr, sodass auch keine Verhütungsmittel nötig sind.

Potenz Sexuelle Leistungsfähigkeit eines Mannes.

Prostitution Die gewerbsmäßige Ausübung sexueller Handlungen.

Regel Ein weiterer Begriff für *Menstruation*.

Sadismus Lustvoll erlebte, gezielt zugefügte Gewalt. Sexuelle Befriedigung kann ausschließlich durch das Quälen des Sexualpartners erreicht werden.

Schwangerschaft Die Möglichkeiten zur Schwangerschaftsverhütung erlauben es dir, selbst zu bestimmen, wann du ein Kind bekommen möchtest. Solange du dich in der Entwicklung befindest, zur Schule gehst, eine Ausbildung absolvierst oder dich einfach noch nicht reif genug fühlst, eine Familie zu gründen, kannst du dafür sorgen, dass körperliche Liebe ohne Folgen bleibt. Hast du es versäumt, Verhütungsmittel zu benutzen, oder bist du zum

Geschlechtsverkehr gezwungen worden, ist es wichtig, dass du so schnell wie möglich feststellst, ob du schwanger geworden bist. Das Ausbleiben der Periode, morgendliche Übelkeit, Spannungsgefühle in den Brüsten, vermehrter Ausfluss und eigenartige Stimmungsschwankungen sind Hinweise auf eine mögliche Schwangerschaft.

In jeder Apotheke bekommst du einen Schwangerschaftstest. Endgültige Sicherheit bringt eine Untersuchung beim Frauenarzt. Da ein Abbruch nur bis zur 12. Schwangerschaftswoche erlaubt ist, darfst du dir nicht zu lange Zeit lassen, ehe du Rat und Hilfe suchst.

Spermien Die männlichen Samenzellen. Pro Samenerguss werden 350 bis 400 Millionen von ihnen ausgestoßen. Sie sind winzig und ähneln in der Vergrößerung Kaulquappen. Ein Köpfchen mit dem Samenkern, ein dickeres Mittelstück und ein langer Schwanz.

Spirale Es handelt sich dabei um einen T-förmigen, mit Kupferdraht umwickelten Kunststoffanker. Dieses *Intrauterinpessar* setzt der Arzt in die Gebärmutter ein. Dort verursacht die Spirale einen ständigen Entzündungsherd und verhindert somit, dass sich ein befruchtetes Ei in der Gebärmutter einnistet. Die Spirale bleibt je nach Modell zwischen sechs Monaten und fünf Jahren in der Gebärmutter. Für junge Frauen ist diese Verhütungsmethode nicht zu empfehlen.

Tampon Näheres über den Blutungsschutz für die Periodenblutung erfährst du in dem Kapitel „Die Tage, die alles verändern".

Uterus Medizinischer Begriff für *Gebärmutter*.

Vagina Medizinischer Ausdruck für die Scheide. Die *Schamlippen* heißen übrigens *Vulva*.

Vergewaltigung Wenn du mit Gewalt oder Drohungen zu sexuellen Handlungen gezwungen wirst, ist das eine Vergewaltigung. Leider passieren Vergewaltigungen sogar im vermeintlich sicheren Familien- und Freundeskreis. Wenn du das Opfer einer Vergewaltigung wirst, lass dir nicht einreden, du hättest in irgendeiner Weise selbst Schuld oder auch nur eine Mitschuld. Das stimmt nicht! Wenn du sexuell belästigt wirst, egal von wem, egal, ob es ein Lehrer, ein Vorgesetzter, ein Verwandter oder ein Freund ist, behalte es nicht für dich. Auch wenn es schwer fällt, sprich mit einem Freund, einer Freundin, einer Lehrerin, deinen Eltern, oder wende dich an Pro Familia. Mit so etwas kann man nicht allein fertig werden. Du brauchst Hilfe. Du musst dich nicht schämen, dazu besteht kein Grund. Niemand wird dich verurteilen, sondern man wird versuchen, dir zu helfen.

Verhütungsmittel Unter dem Stichwort *Empfängnisverhütung* erfährst du alles Wesentliche.

Vögeln Eine so bedeutende Sache wie die Liebe ist natürlich immer in aller Munde. Logisch, dass im Alltag die wenigsten Menschen von Penis und Vagina, von Geschlechtsverkehr und Masturbation reden. Es gibt eine Unmenge witziger, liebevoller oder auch ordinärer Ausdrücke dafür. So heißt der Geschlechtsverkehr zwar Koitus, aber du wirst viel eher Liebe machen, bumsen, vögeln oder ficken hören. Fummeln und schmusen klingt irgendwie hübscher als Petting. Muschi, Möse und Perle bezeichnen die Geschlechtsorgane eines Mädchens, während ein Junge die Auswahl zwischen Pimmel, Schwanz, Ständer oder Schniedelwutz hat. Vielleicht findest du im liebevollen Alltag mit deinem Freund zusammen sogar ganz neue, andere Kosenamen, die nur euch beiden gehören. Generell gilt auch hier: Der Ton macht die Musik! Jeder muss selbst herausfinden, was ihm gefällt und in welcher Situation er diese Worte verwendet.

Widerstand Was hat dieses Wort im Liebes-Abc zu suchen? Eine Menge, denn es gibt Männer, die glauben, wenn eine Frau sagt: „Weiter nicht!", dann wolle sie nur stärker gedrängt werden. Unsinn! Aber solchen Annahmen kannst du vorbeugen. Wenn dir etwas in einer Freundschaft nicht passt, sag es bitte nie zwischen den Zeilen. Klare Worte, klare Fronten und klare Entscheidungen beugen Missverständnissen vor und können letztendlich eine Liebe lebendig erhalten, die vielleicht in Irrtümern erstickt wäre.

X- oder Y-Chromosom Der männliche Samen und die weibliche Eizelle enthalten je einen halben Chromosomensatz. Die weibliche Eizelle trägt immer ein X-Chromosom. Die männliche Samenzelle entweder ein X- oder ein Y-Chromosom. Damit bestimmt die männliche Samenzelle das Geschlecht eines Menschen. Der vollständige Chromosomensatz von Frauen ist XX, der vollständige Chromosomensatz bei Männern ist XY.

Zärtlichkeit Die zarte Abstufung der Berührungen, die verschiedenen Arten des Küssens, das wunderbare Gefühl, einfach Arm in Arm einander zu spüren – hab den Mut, zu deinem Wunsch nach Zärtlichkeit zu stehen! Sich so richtig lieb haben heißt auch, voneinander zu lernen, dem anderen eine Freude zu bereiten.

Zyklus Ungefähr ab dem zwölften Lebensjahr wird im Körper einer Frau etwa alle 28 Tage eine Eizelle reif zur Befruchtung. Diesen Vorgang, der sich ca. 40 Jahre lang monatlich wiederholt, nennt man Zyklus. Erst in den Wechseljahren, die um das 50. Lebensjahr beginnen, stellen die Eierstöcke ihre Tätigkeit ein.

▶ **Liebeskummer**   Wenn man verliebt ist, erlebt man viele glückliche, schöne Momente. Es fällt schwer, daran zu denken, dass es auch eine andere Seite der Liebe gibt. Zur Liebe gehören nämlich auch Eifersucht und Betrug, Angst und Lüge, Streit und Hass! Auch wenn man einen anderen Menschen sehr liebt, kann man diesen Menschen unglaublich verletzen. Die Welt scheint unterzugehen, sobald du deinen Freund mit einem anderen Mädchen siehst, wenn er dir den Laufpass gibt oder du ihn bei einer coolen Lüge ertappst. Du bist dann schrecklich enttäuscht und würdest dich am liebsten tagelang verkriechen.

Manche Mädchen können sich extrem in diesen Liebeskummer hineinsteigern. Manche versuchen, ihr Elend zu

lindern, indem sie ständig Essen und Süßigkeiten in sich hineinstopfen, andere verweigern das Essen total oder spielen gar mit Selbstmordgedanken.

Wenn du an einem so tiefen Punkt der Verzweiflung angelangt bist, wirst du vermutlich ohne die Unterstützung von anderen keinen Ausweg aus deiner Not finden. Du bist seelisch krank und benötigst dringend Beistand! Bitte suche diese Hilfe bei einer vertrauten Person oder bei den offiziellen Hilfsstellen und Kindernotrufen. Die Nummern der verschiedenen Sorgentelefone findest du im Anhang dieses Buches.

Aber für die meisten heilt die Zeit Wunden, und der erste große Liebeskummer ist irgendwann überwunden. Die Tränen sind versiegt, die Papiertaschentücher aufgebraucht, und dein armer Kopf beginnt wieder zu denken. Du weilst wieder unter den Lebenden!

Tatsache ist: In den seltensten Fällen wird deine erste große Liebe auch der Mann sein, mit dem du dein ganzes weiteres Leben verbringst. Durchaus möglich, dass ihr euch irgendwann noch einmal ineinander verliebt, aber dazwischen ist es wichtig und sinnvoll, dass du Erfahrungen mit dem komplizierten Gefühl Liebe auch mit anderen Jungen machst.

Zur Liebe gehört zum Beispiel auch die Eifersucht. Logisch, dass du alarmiert bist, wenn er mit deiner besten Freundin auf einer Party in der Ecke sitzt und sich so angeregt unterhält, dass beide nichts um sich herum mitkriegen. Möglich, dass sie nur darüber reden, ob Basketball spannender ist als Volleyball.

Für dich sieht es aber so aus, als wären die beiden ein Herz und eine Seele. Was tun?

Eine Szene zu machen ist mit Sicherheit falsch. Es kann sein, dass du damit Freund und Freundin gleichzeitig loswirst. Der Spruch von der Eifersucht, die mit Eifer sucht, was Leiden schafft, stimmt schon oft. Lass dir deine Gefühle nicht anmerken, aber halte die Augen offen. Hast du über mehrere Tage hinweg dann die Bestätigung bekommen, dass er deiner Freundin oder einem anderen Mädchen tatsächlich mehr Zeit widmet als dir, ist es Zeit für ein offenes Gespräch.

Manche Mädchen neigen dazu, diese drohende Konfrontation aus Angst vor einem Zerwürfnis immer wieder hinauszuschieben oder ganz zu vermeiden. Nach dem Motto: „Solange er noch nicht gesagt hat, dass er eine andere lieber mag, *muss* doch alles in Ordnung sein."

Irrtum! Du quälst dich durch einen dunklen Tunnel aus Angst und Liebeskummer, und am Ende stehen Lügen, Ausreden und Streit. Da ist es schon besser, so schnell wie möglich für klare Verhältnisse zu sorgen, auch wenn sie das Ende eurer Liebe bedeuten.

Dein Selbstbewusstsein und dein Stolz sind jetzt mehr denn je gefordert. Wer sagt denn, dass das Scheitern eurer Beziehung allein deine Schuld ist? Eifersucht wurzelt oft in dem selbstzerstörerischen Bewusstsein, dass du nicht gut genug für ihn bist. Dass andere hübscher, klüger, schlagfertiger und charmanter sind. Warum hältst du so wenig von dir?

Hast du schon einmal versucht, deine Plus- und Minusseiten aufzuschreiben? Zwinge dich, zehn gute und zehn schlechte Seiten an dir zu finden. Die schlechten fallen dir vermutlich sofort ein. Bei den guten musst du vielleicht nachdenken. Aber sei sicher, du hast sie! Du musst dir das nur bewusst machen. In diesem neuen Bewusstsein deiner positiven Qualitäten kannst du dir leichter vor Augen führen, dass auch andere Mütter nette Söhne haben.

Bis dahin konzentrierst du deine überschüssige Liebe am besten auf dich selbst. Dir ist sehr wehgetan worden. Du hast gelitten und somit redlich verdient, dass es auch wieder schöne Stunden in deinem Leben gibt. Wie wäre es mit einem neuen Hobby, mehr Sport, dem Computerkurs oder dem Wahlfach, das du schon lange belegen wolltest? Dem Wochenendbesuch bei deiner Brieffreundin oder der aktiven Mitarbeit bei *amnesty international*? Unternimm etwas, was dir Spaß macht!

Die Liebe ist langmütig,
sie ist gütig;
die Liebe eifert nicht,
die Liebe prahlt nicht,
sie bläht sich nicht auf,
sie tut nichts Unschickliches,
sie sucht nicht das Ihre,
sie lässt sich nicht erbittern,
sie rechnet das Böse nicht an;
sie freut sich nicht über die Ungerechtigkeit,
sie freut sich aber mit der Wahrheit;
sie erträgt alles,
sie glaubt alles,
sie hofft alles,
sie erduldet alles.

Rund zweitausend Jahre ist diese Beschreibung alt und
stimmt immer noch! Sie steht im ersten Korintherbrief
des Neuen Testaments in der Bibel!
Echt stark, was?

Die liebe Familie ▸▸Die liebe Familie ▸▸Die liebe Familie

Die liebe Familie ▸▸Die liebe Familie ▸▸Die liebe Familie

Die liebe Familie ▸▸Die liebe Familie ▸▸Die liebe Familie

▸▸Die liebe Familie

Die liebe Familie ▸▸Die liebe Familie ▸▸Die liebe Familie

Die liebe Familie ▸▸Die liebe Familie ▸▸Die liebe Familie

Die liebe Familie ▸▸Die liebe Familie ▸▸Die liebe Familie

Die liebe Familie ▸▸Die liebe Familie ▸▸Die liebe Familie

Die liebe Familie ▸▸Die liebe Familie ▸▸Die liebe Familie

Die liebe Familie ▸▸Die liebe Familie ▸▸Die liebe Familie

Die liebe Familie ▸▸Die liebe Familie ▸▸Die liebe Familie

Die liebe Familie ▸▸Die liebe Familie ▸▸Die liebe Familie

Die liebe Familie ▸▸Die liebe Familie ▸▸Die liebe Familie

Die liebe Familie ▸▸Die liebe Familie ▸▸Die liebe Familie

▶ Warum fliegen plötzlich die Fetzen?

Die Gründe für Knatsch sind meistens ebenso nebensächlich wie albern. Eine Jacke, die unter der Garderobe liegt, statt auf dem Bügel zu hängen. Ein Telefongespräch, das zu lange dauert. Das Bett, das du morgens in der Eile nicht gemacht hast. Kleinigkeiten. Trotzdem gehen Mutter oder Vater in die Luft, als hättest du dich heimlich an der Urlaubskasse vergriffen. Du fühlst dich ungerecht behandelt, antwortest pampig, und der Familienkrach explodiert wie ein Feuerwerkskörper in der Silvesternacht. Und das alles im Grunde wegen einer blöden Jacke, eines zerwühlten Bettes ... Wieso?

Auf einmal hast du das Gefühl, dass du in der eigenen Familie zum Außenseiter geworden bist. Keinem kannst du es recht machen, und niemand scheint Verständnis für dich zu haben. Wieso ist alles so fremd und so schwierig geworden? Früher gab es doch auch nie so viel Krach!

Stimmt! Vor ein paar Monaten hast du dich noch in deine Rolle als Kind gefügt und einigermaßen widerspruchslos die Regeln akzeptiert, die deine Familie für dich aufgestellt hat. Du hast die Jacke aufgehängt und keinen weiteren Gedanken daran verschwendet. Heute findest du es unmöglich, dass sich deine Mutter über eine solche Kleinigkeit so aufregt. Es gibt doch wahrhaftig wichtigere Probleme auf der Welt als eine Jacke, die nicht auf dem Bügel hängt! Sie muss doch wissen, dass du das alles nicht vorsätzlich tust, um sie zu ärgern.

Du widersprichst deinen Eltern jetzt immer häufiger. Du kämpfst dich frei von deiner Kinderrolle. Manchmal vielleicht mit mehr Nachdruck, als nötig wäre.

Und genau hier hat euer Konflikt seinen Ursprung. Du

bist auf dem Weg, erwachsen zu werden. Du streifst die Kindheit ab und kommst in die Pubertät. Irgendwann zwischen dem elften und zwölften Lebensjahr passiert jedes Mädchen diese unsichtbare Grenzlinie. Obwohl hier kein Schlagbaum hochgeht, kein Pass erforderlich ist und kein Zöllner zur Kontrolle bereitsteht, sind die Folgen deines Grenzübertrittes einschneidend. Nicht nur für dich selbst, sondern auch für deine Umwelt. Diese Veränderungen an dir sind körperlicher und seelischer Natur!

Schade, dass du bei dieser Gelegenheit keinen Stempel auf die Hand oder ein Blinklicht auf die Stirn bekommst, das deiner Umgebung signalisiert *Achtung! Gefahr! Armes Pubertätsopfer!* Du selbst und alle anderen um dich herum werden erst durch viele kleine Zwischenfälle alarmiert und nach und nach auf die Veränderung aufmerksam gemacht. Zum Beispiel eben durch die ständigen Reibereien in einer bisher recht friedlichen Familie.

Keine Angst, du hast dich nicht über Nacht in ein Monster verwandelt! Aber es ist auch nicht so, dass Erwachsenwerden völlig problemlos vor sich geht.

Es gehört dazu, dass du die alte Ordnung infrage stellst und deine eigenen Wege suchst. Du orientierst dich nicht mehr ausschließlich in der Familie. Du siehst über den symbolischen Gartenzaun. Andere Vorbilder, andere Moden, sogar eine andere Sprache sollen dokumentieren, dass du auf dem Weg zu einer neuen Selbstständigkeit bist. Du löst dich von deinen Eltern und versuchst, dein Leben in die Bahnen zu lenken, die du für dich gut findest. Das kann für beide Teile sehr schmerzhaft werden, denn es führt dazu, dass du dich nach vielen geborgenen Kinderjahren mehr und mehr von zu Hause abnabelst.

Auch deine Eltern stehen vor Problemen. Sie müssen jetzt lernen, dir weniger Vorschriften zu machen und dir mehr Freiheiten zu gewähren. Du selbst brauchst eine Menge Übung, um in dieser Selbstbestimmung nicht über die Stränge zu schlagen. Persönliche Freiheit bedeutet auch Verantwortung! Wer seine eigenen Entscheidungen trifft, muss auch den Kopf dafür hinhalten.

Wenn aber beide Seiten sich stur stellen und nur den eigenen Standpunkt gelten lassen, werden die nächsten Jahre für dich sicherlich schwierig, traurig und sehr unerfreulich werden.

Konflikte, Krach, Knatsch und Zoff müssen aber nicht zwangsläufig in ausweglose Situationen führen. Wenn du lernst, deine Auseinandersetzungen fair und ruhig zu führen, können sie ein neues gegenseitiges Verständnis bewirken und viele Tränen vermeiden. Manchmal beeinflussen Ton und Formulierung der Argumente einen Streit viel mehr als der Sinn des Gesagten.

▶ Tipps für ein Gespräch ohne Zoff

Sprich ruhig, wenn du erklärst, was dir gegen den Strich geht. Wer schreit, setzt sich ins Unrecht.

Vermeide pauschale Vorwürfe. Sag nicht: *Ihr versteht mich nicht ... Ihr seid gemein ... Ihr hackt immer nur auf mir herum ...* Sag lieber: *Ich habe Angst, dass ihr mich nicht versteht. Ich bin traurig, weil wir uns immer streiten! Früher war es nicht so, warum jetzt?*

Bleib genau bei der Sache, um die es geht. Wenn dein Streitpartner merkt, dass du Ablenkungsmanöver startest, wird er nur noch wütender.

Antworte auf Vorwürfe nie mit Gegenvorwürfen, sondern versuche, sie zu entkräften.

Denk daran, dass beide Seiten Verständnis füreinander haben müssen. Wenn du als genial chaotische Tochter mit einer ordentlichen Mutter lebst, müssen zum Beispiel die Bereiche abgegrenzt werden. Du akzeptierst die Familienordnung in Garderobe und Wohnzimmer, deine Mutter das Chaos in deiner Bude.

Wenn beide Teile so gereizt sind, dass sie die Nerven verlieren, ist es besser, das Gespräch zu vertagen. Zum Beispiel eine Familienkonferenz fürs Wochenende einzuberufen, wenn alle Zeit haben und ausgeschlafen sind.

Solltest du den Eindruck haben, dass dir von den Erwachsenen keiner richtig zuhört, dann fasse deine Argumente, Beschwerden und Bitten schriftlich zusammen. Manch ein Vater, der bei Widerspruch in die Luft geht, hat beim dritten Lesen eines töchterlichen Briefes plötzlich begonnen nachzudenken.

Such dir einen Helfer, der zwischen dir und deinen Eltern vermitteln kann: Verwandte, Lehrer, Freunde oder Nachbarn können deinen Standpunkt manchmal besser vorbringen als du selbst. Sie sind ja nicht unmittelbar betroffen und können deswegen oft ruhiger argumentieren.

Lass dich auch in der größten Empörung nie zu persönlichen Beleidigungen hinreißen. Wer seinen Vater einen „verknöcherten Buchhaltertyp" nennt, kann kaum auf viel Verständnis von ihm rechnen. Versuche zu verstehen, dass deine Eltern ihre Sorge um dich manchmal übertreiben. Sie sind auch keine Übermenschen, die auf Knopfdruck funktionieren. Sie müssen jetzt auch lernen, dass du erwachsen und selbstständiger wirst.

Kummerkasten

Ein Supertipp zur familiären Krachvermeidung ist ein Kummerkasten.

Anstatt deinen Bruder sofort anzuschreien, weil er sich schon wieder deine beiden Lieblings-CDs ausgeliehen hat, ohne dich zu fragen, schreibe deine Beschwerde auf, und wirf sie in den Kummerkasten.

Irgendwo in der Wohnung, an einer zentralen Stelle (Garderobe, Küche etc.), eine Art Briefkasten anbringen. Eine beklebte Schuhschachtel mit Schlitz tut's auch.

Jeder, der sich im Laufe der Woche über etwas ärgert oder einen Grund zum Meckern findet, notiert seinen Frust auf einem Zettel und wirft ihn ein. Am Samstag oder am Sonntag nach dem Frühstück wird der Kasten dann geleert, und die Familie diskutiert gemeinsam den Inhalt.

Wer die Sache testet, wird merken, wie viel harmloser sich die meisten Probleme und Problemchen doch mit etwas Abstand anhören. Die große Wut ist inzwischen hoffentlich schon verraucht. Manches hat sich ganz von allein erledigt, einiges findet man mittlerweile schon selbst nur noch zum Kichern.

Missverständnisse können auf diese Weise bereinigt werden, und die echten Brocken, die immer wieder auftauchen, müssen gemeinsam zerkleinert werden!

▶ Väter unter der Lupe Bestimmte Vatertypen

tragen erheblich dazu bei, dass ihre Töchter schon im jugendlichen Alter ein bestimmtes weibliches Rollenverhalten annehmen.

Ein Blick auf deinen Vater und die Art, wie er mit deiner Mutter und dir umgeht, sagt dir, was später einmal für eine Frau aus dir werden wird.

Hier einige mögliche Auslegungen dieser Theorie – wenn das eine oder andere auf dich zutrifft, hast du noch genügend Zeit gegenzusteuern!

Der Familiengeneral Ein Vater, der bedingungslosen Gehorsam verlangt und an die Decke geht, wenn du seine Autorität infrage stellst, bringt dir bei, dass du im Leben nur durch Unterwerfung Erfolg haben wirst. Er erzieht

dich dazu, dass du deinem Freund nicht widersprichst, brav mit zum Fußball marschierst, obwohl du Kicken hasst, und dass du Herzklopfen bekommst, wenn du dich gegen einen Lehrer oder einen Chef durchsetzen sollst. Männer – so denkt dieser Vater – sind nun einmal stärker und damit auch klüger. Es steht außer Frage, dass man ihnen gehorcht. Du solltest schnellstens versuchen, dieses autoritäre Denkmuster zu durchbrechen und daran zu arbeiten, ein eigenes weibliches Selbstbewusstsein zu entwickeln.

Der Kuschelvater Dieser Vatertyp wird von jeder halbwegs raffinierten Tochter gnadenlos um den Finger gewickelt. Von der Taschengelderhöhung bis zur Jeansjacke kann sie von ihm alles bekommen, wenn sie es geschickt genug anpackt. Ihren kleinen Tricks, vom Augenaufschlag bis zum Küsschen, kann er nicht widerstehen, und seine Tochter ist für ihn die Größte. Jedes halbwegs kritische Mädchen ahnt natürlich, dass er voreingenommen ist. Trotzdem denkst du bei dem väterlichen Vorbild natürlich, dass sich alle anderen Männer auch mit dieser Masche manipulieren lassen. Du wirst wahrscheinlich einige Probleme bekommen, wenn du an einen Jungen gerätst, der dieses Spielchen nicht mitspielt. Also Vorsicht bei der Weibchennummer, sie ist out!

Der Übervater So ein Vater ist eine Zeit lang sicherlich ganz angenehm für dich. Er liebt dich schrecklich und möchte dich vor allem bewahren, was dich erschrecken oder dir wehtun könnte. Er räumt dir Hindernisse aus dem Weg und gehört zu jenen Vätern, die wutschnaubend in die Schule marschieren, weil es ein Studienrat gewagt hat, dich als mathematische Null zu bezeichnen. Leider bringt er dir damit unterschwellig bei, dass du nicht in der Lage bist, für dich selbst zu sorgen. Wenn du dich nicht ein bisschen von ihm abnabelst, wirst du noch mit dreißig an das Märchen glauben, dass du nur durchs Leben kommst, wenn du dich an eine starke Männerschulter lehnen kannst.

Der beste Freund ist ein Vater, wie ihn sich jedes Mädchen wünschen würde. Partner, Kumpel und Vertrauter in einer Person. Bei ihm bekommst du Hilfe, wenn du sie benötigst, aber er wird sich auch zurückhalten, sobald er den Eindruck hat, dass du allein mit allem fertig wirst. Er bewundert dich, wenn du es verdient hast, und sagt dir auf den Kopf zu, dass ihm dein Make-up nicht gefällt, wenn es zu heavy ist. Er versucht, dein Selbstbewusstsein zu stärken, und gibt dir vielleicht sogar den einen oder anderen Tipp, wie du mit deinem Freund umgehen sollst, wenn du ihn darum bittest. Gehört dein Vater zu dieser Sorte, herzlichen Glückwunsch! Du wirst den Männern in deinem Leben mit Humor und Selbstbewusstsein gegenübertreten können, ohne in Verdacht zu geraten, dass du unweiblich bist.

> Wer ist denn der Spinner?

Die Jugend ist etwas Wundervolles.
Es ist eine wahre Schande,
dass man sie an Kinder vergeudet.

George Bernard Shaw

▶ **Hilfe in letzter Not** Es gibt Situationen, da denkst du, dass einfach alles vorbei ist. Dass niemand dir zuhört, dass dir deine Probleme einfach über den Kopf wachsen. Manchmal scheint es, als ob ausgerechnet du keine Freunde, keine Vertrauten hast, die dir helfen können. In einem solchen Fall darfst du dich nie zu einer Kurzschlusshandlung verleiten lassen. Abhauen, Alkohol oder Drogen haben noch nie ein Problem gelöst. Greife lieber zum Telefon, es gibt eine ganze Reihe von Institutionen und Einrichtungen, die es sich zur Aufgabe gemacht haben, Mädchen wie dir zu helfen!

Die Telefonnummer 08 00/1 11 03 33 ist das Rufzeichen

des *Kinder- und Jugendtelefons*. Dort kannst du immer gebührenfrei anrufen, auch ohne deinen Namen zu nennen, und deine Probleme besprechen. Du kannst dich auch jederzeit an den *Deutschen Kinderschutzbund*, Schiffgraben 29, 30159 Hannover, Telefon: 05 11/30 48 50, wenden oder an die *Bundesarbeitsgemeinschaft Kinder- und Jugendschutz*, Mühlendamm 3, 10170 Berlin, Telefon: 0 30/40 04 03 00.

Nur ein Ortsgespräch, aber dafür praktische und ortsbezogene Hilfe bringt in den meisten Fällen ein Anruf beim Jugendamt. Du findest die Telefonnummer in eurem Telefonbuch vermutlich unter „Kreis-" oder „Stadtbehörden". Die meisten dieser Behörden haben ein Sorgentelefon eingerichtet oder wenigstens einen ihrer Mitarbeiter oder Mitarbeiterinnen beauftragt, solche Anrufe entgegenzunehmen.

Mädchen aus Österreich können sich telefonischen Rat beim *Österreichischen Kindertelefon* holen, unter der Nummer 01/3 19 66 66.

Auch in der Schweiz gibt es eine Reihe von Organisationen, die es sich zur Aufgabe gemacht haben, Kindern in Not zu helfen. Da ist erst einmal der *Schweizer Kinderschutzbund* in 3000 Bern, Telefon: 0 31/3 82 02 33. Schriftlich kannst du dich an *Limita, die Fachstelle zur Prävention sexueller Ausbeutung von Mädchen und Jungen* wenden, und zwar in der Bertastraße 35 in 8003 Zürich.

Bitte denk daran, dass diese Adressen und Telefonanschlüsse für viele verzweifelte Mädchen Hilfe in letzter Not sind! Es wäre unfair, die Leitungen und die Arbeitskraft der Leute für einen schlechten Witz zu blockieren.

▸ Scheidung! Wir sind keine Familie mehr!

Scheidung! Ein hässliches Wort. Was einmal eine Familie war, ist dann plötzlich nur noch ein Scherbenhaufen! Ganz egal, ob du allein bist oder ob du Geschwister hast, bei einer Trennung der Eltern bricht für alle eine harte Zeit an.

Wenn du dich von dem ersten Schock erholt hast, ist es nicht einfach, mit den Folgen fertig zu werden. Nur wenn ständiger Streit und im schlimmsten Fall sogar Gewalt bei euch daheim geherrscht haben, wirst du erst einmal nur erleichtert darüber sein, dass jetzt wenigstens eine Entscheidung getroffen wurde. Eine Entscheidung allerdings, die auch für dich weit reichende Folgen haben wird.

Deine Eltern müssen viele Dinge festlegen. Zum Beispiel die Art ihrer Trennung. Sind sich beide Partner einig, genügt es, dass sie ein Jahr lang getrennt leben, um geschieden werden zu können.

Gibt es Streit, und besteht nur ein Ehepartner auf Scheidung, zieht sich die unerfreuliche Angelegenheit bis zu drei Jahren hin. So lange gibt der Gesetzgeber dem anderen Partner Zeit, eine Versöhnung herbeizuführen oder sich letztendlich an den Gedanken der Scheidung zu gewöhnen.

Nur in ganz besonders schlimmen Fällen scheidet der Richter aufgrund von unzumutbarer Härte sofort. Wenn ein Vater seine Frau oder seine Kinder schlägt oder wenn die Gefahr besteht, dass er seine Kinder missbraucht und misshandelt. Jede Scheidung ist schrecklich. Als unbeteiligtes Opfer musst du miterleben, wie über dein Zuhause, eure finanziellen Verhältnisse, deine Ausbildung und dein weiteres Leben entschieden wird, ohne dass du große Einspruchsmöglichkeiten hast.

Die wichtigste Frage ist dabei für dich: Wer erhält das Sorgerecht für die Kinder? Normalerweise entscheidet der Familienrichter darüber. Wenn du bereits über vierzehn Jahre alt bist, wirst du von ihm vorgeladen und kannst selbst sagen, bei wem du künftig wohnen möchtest. Der Richter ist allerdings nicht verpflichtet, auf dich zu hören. Er wird seinen Spruch erst fällen, nachdem er mit allen Beteiligten, also auch deinem Vater und deiner Mutter, gesprochen hat.

Er kann sogar, wenn deine Eltern sich trotz der Scheidung gut verstehen, ein gemeinsames Sorgerecht aussprechen. Oft erhält die Mutter die Kinder zugesprochen,

und der Vater bekommt das Umgangsrecht. Das heißt, es werden Tage, Besuchszeiten oder auch Ferienwochen festgelegt, die du ausschließlich bei ihm verbringst. Die wichtigen Entscheidungen über dich und deine Zukunft fällt jedoch bis zu deiner Volljährigkeit ausschließlich deine Mutter. Das bedeutet im Klartext, sie muss sich nun allein mit dir, mit den alltäglichen, gesundheitlichen oder auch den seelischen Problemen auseinander setzen, auch mit denen, die die Scheidung möglicherweise verursacht haben.

Die wenigsten Mädchen können das Scheitern der elterlichen Ehe so einfach wegstecken. Nach dem ersten Schock setzt unweigerlich das große Grübeln ein. Wer ist schuld daran?

Die wichtigste Antwort: Du bist nicht schuld!

Sogar wenn sich deine Eltern ständig wegen Erziehungsfragen in den Haaren gelegen haben, eine Ehe, die daran scheitert, ist längst keine richtige Ehe mehr! Auch Probleme in der Schule, der Umgang mit den falschen Freunden oder Probleme, die deine Eltern möglicherweise mit dir gehabt haben, können nie dazu führen, dass sich Eltern deswegen trennen. Sollten sie wirklich der Tropfen gewesen sein, der das Fass zum Überlaufen brachte, du hast es nicht bis dahin gefüllt! Hör auf, dir deswegen irgendwelche Vorwürfe zu machen, und steigere dich keinesfalls in die Rolle der Schuldigen hinein!

Die Suche nach anderen Sündenböcken gibst du am besten auf, bevor du sie begonnen hast. Ob nun dein Vater eine Freundin hat oder deine Mutter sich in einen anderen Mann verliebt hat, beides ist allein ihre Sache. Du musst ihre Gründe respektieren, auch wenn es schmerzt.

Es ist auch sinnlos, den fehlenden Ehepartner ersetzen zu wollen. Klar, dass du mit dem Elternteil, mit dem du zusammenlebst, besonders eng zusammenrücken wirst. Gemeinsam steht man diese schlimme Zeit wirklich besser durch. Aber es wäre ein verhängnisvoller Fehler, deswegen deine eigenen Freunde und deine übliche Freizeitgestaltung zu vernachlässigen. Es könnte sonst leicht sein, dass du später plötzlich allein bist, wenn sich Vater oder Mutter wieder einen neuen Partner suchen.

Eine gute Freundin oder ein Freund sind jetzt wichtiger denn je für dich. Mit irgendjemandem, dem du vertrauen kannst, musst du doch über all die Dinge reden können, die dich bewegen. Nur keine falsche Scham! Es braucht dich nicht in Verlegenheit zu bringen, dass sich deine Eltern trennen. Das gehört leider inzwischen zum ganz normalen Alltagswahnsinn. Sprich aus, was dich bedrückt, und nimm den Trost an, den dir eine Freundin oder ein Freund bietet.

Wer die coole Überfrau spielt und so tut, als ginge ihn das ganze Chaos, das die Eltern da anrichten, nichts an, belügt sich selbst. Steh zu deiner Verzweiflung, deiner Wut und deiner Ratlosigkeit! Je mehr du deine Empfindungen unterdrückst, umso schwieriger wird es, sie zu verarbeiten! Auch Trauern ist Arbeit. Drück dich nicht davor! Erst wenn alles heraus ist, was dich bedrückt, kannst du neu beginnen!

Total geschockt vom Scheidungskrieg kommst du vielleicht auf die Idee, dass eine Schocktherapie deine Eltern wieder zur Vernunft bringen könnte. Lass es, es nützt nichts. Auch die beiden gegeneinander auszuspielen geht bestimmt nicht lange gut.

Abhauen, krank spielen, trotzen, frech werden, Schulversagen oder durchfeierte Nächte ärgern, bedrücken oder regen die Eltern bestimmt auf, ihren Entschluss werden sie deshalb aber nicht ändern. Eine Scheidung bedeutet den Schlusspunkt unter eine Ehe. Die Tatsache, dass die Tochter aus dieser Ehe Mist baut, wird keinesfalls dazu beitragen, die Scherben zu kitten. Ganz im Gegenteil, nach dem ersten Schock wirst du von zwei Seiten unter Beschuss genommen.

Deine Eltern gegeneinander auszuspielen sollte dir deine Fairness verbieten. Besonders Wochenendväter und -mütter haben es leicht, dir Spaß und jede Menge Abwechslung zu bieten. Sie sehen dich nur ab und zu. Dann sind sie aber auch ganz für dich da und versuchen natürlich, dir in der kurzen Zeit doppelte Aufmerksamkeit zu schenken. Derjenige, der jeden Tag deine muffigen Proteste gegen das Aufstehen, den normalen Noten- oder Lehrerhorror anhören muss und mit dir um den Vortritt im

Badezimmer kämpft, hat es da erheblich schwerer. Er oder sie ist auf dein Verständnis und deine Hilfe angewiesen.

Wenn du dir klar machst, dass auch die Erwachsenen unter der Situation leiden, fällt es dir vielleicht leichter, dich beiden Teilen gegenüber fair zu verhalten.

Abgesehen von den diversen Sorgentelefonen der Kinderschutzverbände, gibt es auch Organisationen, die es sich zur Aufgabe gemacht haben, speziell Familien in Krisen zu helfen. Auskünfte gibt dir zum Beispiel:

Familien-Notruf München
Pestalozzistraße 46
80469 München
Telefon: 0 89/2 38 85 66

▸ Verbote von Eltern und Gesetzgebern

Obwohl deine Eltern die Verantwortung für dich tragen, hat der Gesetzgeber einen Rahmen festgelegt, der grob regelt, was Kindern und Jugendlichen in welchem Alter erlaubt oder verboten ist. Auch der aufgeschlossenste Familienvorstand müsste der 12-jährigen Tochter zum Beispiel den Kinobesuch verbieten, wenn sie allein hingehen möchte und die Vorstellung länger als bis 22 Uhr dauert. Sie darf weder in der Öffentlichkeit rauchen noch sich ihr Taschengeld in einer Spielhalle aufbessern.

Unsere Tabelle gibt dir einen kleinen Überblick darüber, was zwischen 10 und 18 Jahren so alles an hochoffiziellen Verboten durch dein Leben spukt.

Gesetz zum Schutz der Jugend in der Öffentlichkeit

DIE PARAGRAFEN	DAS ALTER		
	unter 14	unter 16	unter 18
§1 Aufenthalt an jugendgefährdenden Orten	✖	✖	✖
§3 Aufenthalt in Gaststätten,	◆	◆	allein bis ◆ 24^{00}
Aufenthalt in Nachtbars, Nachtclubs oder vergleichbaren Vergnügungsbetrieben	✖	✖	✖
§4 Abgabe/Verzehr von Branntwein, branntweinhaltigen Getränken, Tabakwaren und Lebensmitteln	✖	✖	✖
Abgabe/Verzehr anderer alkoholischer Getränke und Lebensmittel, z. B. Wein, Bier ...	✖	●	○
§5 Anwesenheit bei öffentlichen Tanzveranstaltungen, z. B. Disco (Ausnahmegenehmigung auf Vorschlag des Jugendamtes möglich)	✖ ◆	✖ ◆	◆ bis 24^{00}
Anwesenheit bei Tanzveranstaltungen von anerkannten Trägern der Jugendhilfe. Bei künstlerischer Betätigung, zur Brauchtumspflege	◆ bis 22^{00}	◆ bis 24^{00}	◆ bis 24^{00}

DIE PARAGRAFEN   DAS ALTER

	unter 14	unter 16	unter 18
§6 Besuch öffentlicher Film- veranstaltungen. Nur bei Freigabe des Films und Vorspanns: Ohne Altersbeschr./ ab 6/12/16 Jahren. (Kinder unter 6 Jahren nur mit Erziehungsberechtigten)	◆ bis 22^{00}	◆ bis 24^{00}	◆ bis 24^{00}
§7 Abgabe von Videokassetten, Computerspielen und Bildträgern nur entsprechend der Freigabe- kennzeichen: Ohne Altersbeschr./ ab 6/12/16 Jahren	○	○	○
§8 Anwesenheit in öffentlichen Spielhallen. Teilnahme an Spielen mit Gewinnmöglichkeit.	✖	✖	✖
Benutzung von Bildschirmunter- haltungsgeräten ohne Gewinn- möglichkeit	✖ ◆	✖ ◆	○
§9 Rauchen in der Öffentlichkeit	✖	✖	○

ZEICHENERKLÄRUNG:

◆ = Verbote und zeitliche Begrenzungen, die so gekennzeichnet
       sind, werden durch die Begleitung eines Erziehungsberechtig-
       ten aufgehoben
● = erlaubt in Begleitung eines Personensorgeberechtigten
       (Eltern/Vormund)
○ = uneingeschränkt erlaubt
✖ = verboten

Ab achtzehn Jahren bist du volljährig. Ab deinem achtzehnten Geburtstag kannst du all das tun, was jedem Erwachsenen erlaubt ist.

Aber Vorsicht, wenn du dich im Falle von Familienzoff auf das Jugendschutzgesetz berufst, deine Eltern sind nicht verpflichtet, dir etwas zu erlauben, nur weil es der Gesetzgeber freistellt. Wenn sie strikt gegen eine tolle Party oder einen späten Kinobesuch sind, musst du das leider akzeptieren. Sie haben laut § 1631 des Bürgerlichen Gesetzbuches *das Recht und die Pflicht, das Kind zu pflegen, zu erziehen, zu beaufsichtigen und seinen Aufenthalt zu bestimmen.*

▶ Hände weg von mir! Gestern warst du noch die Schmusemaus, die nichts gegen das Küsschen von Onkel Franz einzuwenden hatte und die wohl erzogen jedes alberne Streicheln von flüchtigen Besuchern hinnahm. Heute stellst du die Stacheln. Das anschmiegsame Häschen wird zur Kratzbürste!

Kein Grund zur Panik. Neben den seelischen und geistigen Veränderungen bekommst du in der Zeit der Pubertät auch eine völlig neue Einstellung zu dir selbst und deinem Körper. Die sichtbaren Veränderungen deiner Figur gehen Hand in Hand mit einem neuen, sensiblen Körperbewusstsein.

Du findest es albern, dich wie früher auf dem Schulhof zu balgen, und willst dich nicht mehr von jedem x-beliebigen Besuch gleich in den Arm nehmen lassen.

Du hast völlig Recht damit! Kein Erwachsener, absolut niemand hat das Recht, dir näher auf die Pelle zu rücken, als du es willst! Du allein bestimmst über deinen Körper, und du allein entscheidest, von wem dir eine Berührung oder eine Zärtlichkeit gefällt!

Wenn sich dir jemand nähert, dich küssen, in den Arm nehmen oder streicheln will und dir das unangenehm ist, *sag, dass du das nicht möchtest. Wehre dich!* Lass dir auf gar keinen Fall einreden, du hättest denjenigen zu diesen Handlungen ja schließlich ermutigt. Sobald du etwas nicht oder nicht mehr willst, und jemand zwingt dich durch Drohungen oder körperliche Gewalt dazu, ist das sexuelle Nötigung oder Vergewaltigung, also eine Straftat. Sexueller Missbrauch beginnt oft schon bei Kleinkindern. Irgendwann, mit zunehmendem Alter, merken die Kinder dann, dass etwas nicht stimmt.

Wenn du auch ein Opfer von sexuellem Missbrauch geworden bist, waren dir die sexuellen Handlungen bestimmt irgendwann unangenehm, du wolltest dich ihnen entziehen. Aber der Täter ist fast immer eine Vertrauensperson, der Vater, ein Onkel, ein Nachbar, ein guter Freund der Familie. Die Erfahrung hat gezeigt, dass es sehr schwierig, fast unmöglich ist, allein aus so einer Missbrauchssituation herauszukommen. Du musst dich jemandem anvertrauen. Hab keine

Angst davor, dass man dir vielleicht nicht glaubt oder dass jemand glauben könnte, du hättest selbst Schuld an dieser Situation. Das stimmt nicht. Du bist in keiner Weise dafür verantwortlich, was dir angetan wurde oder wird. Aber es ist ungeheuer wichtig für dich, Hilfe zu suchen, dich jemandem anzuvertrauen, mit jemandem darüber zu reden. Auch wenn es schwierig und peinlich für dich ist. Es ist die einzige Möglichkeit, aus diesem Teufelskreis des Missbrauchs zu entkommen.

Wenn du es nicht wagst, eine Person, die du kennst, ins Vertrauen zu ziehen, wende dich ans Kindersorgentelefon, an Pro Familia oder an eine der Adressen, die ab Seite 288 in diesem Buch genannt werden. Unter der Telefonnummer 0 30/7 86 50 17 kannst du dich auch an die Organisation *Wildwasser* wenden. Wildwasser hat seinen Sitz am Mehringdamm 50, 10961 Berlin, und hat unter dieser Rufnummer einen Notruf für vergewaltigte und missbrauchte Mädchen eingerichtet.

Du bist nicht die Einzige, die mit so einer Situation fertig werden muss. Jedes dritte Mädchen wird sexuell missbraucht. Das ist eine erschreckend hohe Zahl.

▶ **Das kannst du tun** Über den vielen schrecklichen Schlagzeilen, die es zum Thema sexuell missbrauchter Kinder täglich in jeder Zeitung gibt, vergisst man aber leicht, dass dieser Missbrauch im Grunde oft schon bei „Kleinigkeiten" anfängt. Auch dumme Witze, anzügliche Bemerkungen und eindeutige Blicke verletzen ja die Intimsphäre eines Menschen. Vor allem, wenn man sich seiner neuen Rolle als Frau noch nicht so ganz sicher ist. Je eher du lernst, dich zur Wehr zu setzen, desto eher wird man damit aufhören zu versuchen, dich durch Bemerkungen und Witzeleien zu verunsichern.

▸ Lach nie über ordinäre Witze, nur weil es die anderen auch tun.

▸ Wer seine Finger nicht bei sich behalten kann, muss mit einer Ohrfeige rechnen. Gegenwehr verblüfft oft und gibt zumindest Gelegenheit zum Abhauen.

▸ Sag *Nein*, wenn du *Nein* meinst! Schweigen wird oft als Zustimmung gedeutet, auch wenn du das gar nicht so meinst!

▸ Wenn du Angst hast, dich beobachtet oder belästigt fühlst, suche Hilfe bei jemandem, dem du vertrauen kannst.

▸ Organisiere zuverlässig, wie du von Partys, Kinobesuchen etc. nach Hause kommst.

▸ Steige unter gar keinen Umständen zu irgendwelchen Typen ins Auto, die du nicht oder nur sehr flüchtig kennst.

▸ Überlege dir, ob du nicht vielleicht einen Selbstverteidigungskurs für Mädchen mitmachen möchtest. Kurse dieser Art werden von vielen Schulen oder Volkshochschulen oft sogar als Wochenendkurse angeboten.

▸ Vergiss nie – dein Körper gehört dir, und nur du allein entscheidest darüber.

Schläge sind out!

Wenn Erwachsene rotsehen, weil sie ihre Autorität bedroht sehen und sich nur noch mit Schlägen durchsetzen
können, wird es gefährlich.

Sicher ist es übertrieben, gleich das Jugendamt einzu-
schalten, weil Vater oder Mutter einmal die Hand ausge-
rutscht ist. Wer jedoch regelmäßig geschlagen wird,
braucht das auch als Minderjähriger nicht zu erdulden.

Wie bei allen Problemen solltest du zuerst die Hilfe eines
vertrauenswürdigen Erwachsenen suchen. Lehrer, Verwandte oder Freunde der Eltern können vielleicht mit
gutem Zureden erreichen, dass dem Prügler bewusst
wird, dass Gewalt kein adäquates Mittel zur Problem-
lösung ist. Findest du in diesem Kreis keine Unterstützung, stehen dir auch hier, neben dem schon erwähnten
Kindernotruf, alle öffentlichen Einrichtungen von Polizei
über Jugendamt und den kirchlichen Einrichtungen zur
Verfügung. Auch wenn du selbst kein Opfer der Gewalt

bist, sondern deine Mutter die
Schläge bekommt, erhältst du
dort Unterstützung und Hilfe.

Befindet sich in deinem Freundeskreis jemand, der daheim geschlagen wird, zeige ihm oder ihr,
wo sie/er Hilfe finden kann. Menschen, die geprügelt werden, haben oft jeden Mut zur Selbsthilfe
verloren und sind dankbar, wenn
jemand sich um sie kümmert.

▸ **Taschengeld – ständig zu wenig?** Lieber reich und glücklich als arm und krank! Beim Thema Taschengeld kommt einem nur zu leicht ein solcher Stoßseufzer über die Lippen. Es mag zwar ein paar Genies geben, die wunderbarerweise mit ihrem Geld auskommen, aber du selbst bist in der Beziehung vermutlich eher die gute Durchschnittsjugendliche. Das heißt, meistens pleite und immer den Kopf voller Wünsche, die viel zu teuer sind, um sie dir zu erfüllen.

Logisch, dass du unter diesem Gesichtspunkt Vaters neues Auto und Mutters Geschirrspülmaschine mit kritischen Augen betrachtest. Wie groß darf eigentlich das Stückchen sein, das man sich als gehorsame Tochter aus der finanziellen Familientorte herausschneiden kann?

Konkret gesagt, du hast keinen Rechtsanspruch auf einen bestimmten Prozentsatz des Familieneinkommens. Es gibt lediglich die Empfehlung von Jugendämtern und Psychologen, dass jedes Kind und jeder Jugendliche Taschengeld erhalten soll, damit sie den selbstständigen Umgang mit Geld möglichst früh lernen. Eltern sollen in der ersten Schulklasse mit einem Euro pro Woche beginnen. Danach wird jährlich zugelegt. Wenn du in der siebten oder achten Klasse bist, würdest du etwa zwischen 15 und 20 Euro pro Monat bekommen.

Nicht besonders üppig, wenn man bedenkt, dass eine Kinokarte rund 7 Euro und eine aktuelle CD über 15 Euro kostet. Aber auch wenn runde 15 Euro im Monat dir keine großen Anschaffungen und teuren Unternehmungen erlauben, ein finanzieller Grundstock sind sie allemal. Möchtest du ihn aufstocken, bleibt dir nur die Eigeninitiative.

An erster Stelle steht natürlich die Bitte um Taschengeld-erhöhung. Sie bekommt mehr Gewicht, wenn du einen Finanzplan vorlegen kannst, der deine Ausgaben genau auflistet: 1,50 Euro für deine Lieblingszeitschrift, dreimal einen Cappuccino, ein Kinobesuch und eine Tüte Gum-mibärchen liegen schon weit über den normalen Einnah-men. Ganz zu schweigen von nötigen Rücklagen für Geburtstagsgeschenke. Das sehen Väter und Mütter nor-malerweise ein und sind sicher zu einem Kompromiss bereit, der beiden Teilen gerecht wird.

Aber Taschengelderhöhungen belasten den gesamten Etat, besonders wenn du noch Geschwister hast. Und in vielen Familien muss jede einzelne Münze umgedreht werden. Wie kommst du also an das nötige Kleingeld?

Das Zauberwort heißt jobben! Selbst ist die Frau bezie-hungsweise das Mädchen. Babysitten, Zeitungen austra-gen, Reklame einwerfen und reguläre Ferienjobs ver-sprechen eine Finanzspritze! Angebote dafür findest du bestimmt in den regionalen Anzeigenblättern. Aber Vor-sicht, das Jugendarbeitsschutzgesetz regelt ziemlich ge-nau, was du darfst und was nicht.

Es beginnt beim Alter. Bis zu vierzehn Jahren giltst du als Kind. Von vierzehn bis achtzehn als Jugendlicher. Kinder und voll schulpflichtige Jugendliche dürfen in Deutsch-land eigentlich generell nicht arbeiten. Gut für dich, dass es Ausnahmen gibt.

Ab dreizehn Jahren darfst du dann *Arbeiten, die leicht und für Kinder geeignet sind,* ausführen. Dazu zählen zum Beispiel Zeitungen austragen oder Werbebroschüren verteilen. Allerdings darfst du das nur an Werktagen tun und auch höchstens zwei Stunden am Tag.

Über 15-Jährigen ist es erlaubt, in den Ferien bis zu vier Wochen lang fünf Tage pro Woche zu arbeiten. Allerdings darf dich dein Arbeitgeber dann grundsätzlich nur zwischen 6 Uhr und 20 Uhr beschäftigen. Man schreibt ihm vor, dass er dir in sechs Arbeitsstunden regelmäßig Pausen gönnen muss, die sich auf insgesamt 60 Minuten summieren müssen. Ausnahmen gibt es jedoch zum Beispiel in Krankenhäusern, Altenheimen, Gaststätten, in der Landwirtschaft und bei Verkehrsbetrieben.

Wenn du noch nicht dreizehn bist, verbietet das Gesetz jegliches offizielle Arbeitsverhältnis. Du bist zum Geldverdienen auf private Dienstleistungen auf Nachbarschaftsebene angewiesen.

Du kannst zum Beispiel für die gehbehinderte Dame von nebenan zum Einkaufen gehen, einen Hund ausführen oder das Baby eurer Nachbarin beaufsichtigen. Auch Rasen mähen, Auto waschen oder Unkraut jäten sind Hilfstätigkeiten, für die besonders ältere Menschen gerne jemanden aus der Nachbarschaft anstellen. Biete solche Dienste auf einem witzigen Plakat am schwarzen Brett des nächsten Supermarktes an, oder frag euren Bäcker, ob du einen Zettel bei ihm an die Eingangstür hängen darfst! Du wirst für deine „Arbeit" mit einer angemessenen Summe entlohnt werden, aber eine richtige Anstellung ist das nicht.

Schüler dürfen im Monat bis zu 325 Euro verdienen, ohne davon Sozialabgaben zahlen zu müssen. Bei einem einmaligen Ferienjob musst du dich glücklicherweise auch nicht darum kümmern, denn du darfst, unabhängig vom Einkommen, sowieso zwei Monate im Jahr jobben, ohne dass dich die Sozialversicherung zur Kasse bittet.

Krankenversichert bist du ja bei Vater oder Mutter, und als Schülerin bist du sowieso in der gesetzlichen Unfallversicherung. Passiert dir auf dem Weg oder an deiner Arbeitsstelle etwas, bezahlt die Berufsgenossenschaft des Arbeitgebers die Krankheitskosten.

Je nach Höhe deines Verdienstes und der Absprache mit deinem Arbeitgeber kann es auch sein, dass man dir von deinem sauer verdienten Geld einen Lohnsteueranteil abzwackt. In diesem Fall kannst du dir das Geld über einen „Lohnsteuerjahresausgleich" wieder zurückholen, denn das Finanzamt geht mit Ferienarbeitern noch sehr gnädig um.

Und noch etwas: Papiere, die du im Laufe deiner Aushilfsarbeiten erhältst, sorgfältig aufbewahren! Lohnabrechnungen, Lohnsteuerkarten oder Versicherungsunterlagen sind wichtige Dokumente, die beim Finanzamt bare Münze bedeuten können.

Äußerst nützlich in Sachen Freizeitjob ist auch das bekannte Vitamin B. Irrtum, diesmal ist kein Vitaminkomplex gemeint, sondern das schlichte Wörtchen Beziehungen. Eine Empfehlung, vielleicht sogar ein kleiner Brief, in dem steht, dass du schon einmal prima gearbeitet hast, kann Wunder wirken. Deine Eltern, deine Verwandtschaft oder auch gute Freunde darfst du ruhig dafür einspannen, ein gutes Wort für dich einzulegen.

Versteht sich von selbst, dass du dann darauf achtest, deine Fürsprecher nicht zu blamieren. Schon zu deinem eigenen Vorteil, sonst hast du nur ein einziges Mal die Vorteile des Vitamins B genossen, und das wäre doch schade, oder?

Sollten deine Eltern nicht wollen, dass du arbeitest, bleibt dir als letzte Verdienstmöglichkeit zur Taschengeldaufbesserung nur der Flohmarkt übrig. Adressen und genaue Termine erfährst du bei der Stadt- oder Gemeindeverwaltung. Oft finden auch im Rahmen von Jahrmärkten, Kirchen- oder Gemeindefesten Trödelmärkte statt.

Die Standgebühren bei Flohmärkten betragen unter freiem Himmel zirka 3 bis 6 Euro pro Angebotsmeter. Viele Veranstalter haben aber ein Einsehen mit armen Teenies und verlangen keine Standmiete, wenn du noch unter vierzehn Jahren bist.

Verkauft kann so gut wie alles werden. Alte Bücher, Kassetten, Spielzeug, Gesellschaftsspiele, Andenken von Oma und Opa, CDs, Bücher, Klamotten ... die Liste ist endlos. Aber pass auf, dass dich das Flohmarktfieber nicht packt! Manch einer, der eigentlich nur mal die Ebbe in der Kasse aufbessern wollte, findet plötzlich Vergnügen an der Sache und wird zum Trödelfreak! Verkaufen und Sammeln können dann Hand in Hand gehen, und du stehst am Ende genauso da wie am Anfang – mit Ebbe in der Kasse!

▶ **Der erste Eindruck entscheidet** Um einen Job zu bekommen, musst du zuerst deine Person verkaufen. Das klingt schlimm, bedeutet aber im Klartext lediglich, dass du auf deinen künftigen „Boss" bereits bei der ersten Begegnung den besten Eindruck machen solltest.

Sogar wer dreimal pro Woche die Besorgungen für eine kranke Rentnerin übernimmt, überlegt sich besser vorher, mit wem er es zu tun hat. Handelt es sich um eine alte Dame mit eher konservativen Ansichten, wäre es vielleicht günstiger, das schrillste Outfit im Kleiderschrank hängen zu lassen. Zieh lieber einen Pulli und Jeans ohne dekorative Löcher an. So signalisierst du ihr durch deine gepflegte Erscheinung, dass du vertrauenswürdig bist und gewissenhaft ihre Einkäufe erledigen wirst. Wer sich anbietet, täglich einen Hund spazieren zu führen, und dann beim ersten Treffen mit Pfennigabsätzen erscheint, macht ebenso einen Fehler wie jemand, der Kaugummi kauend seine Dienste als Aushilfe in einer Telefonvermittlung anbietet.

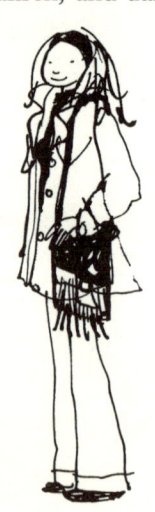

Also Gehirn einschalten, ehe du dich vorstellst. Ein gepflegtes Aussehen ist deine erste Visitenkarte und keine doofe Anbiederung. Auch bei einem vorübergehenden Ferienjob erwartet der Arbeitgeber, dass du konzentriert bei der Sache bist und dass er den größtmöglichen Gegenwert an Arbeitskraft für den Lohn, den er dir zahlt, bekommt.

Einige Tipps fürs erste Gespräch:

▸ Lege dir vorher zurecht, was du sagen möchtest,
damit du nicht ins Stottern gerätst.

▸ Bist du keine große Rednerin, achte darauf, dass du
kurze Sätze gebrauchst und dich nicht in Neben-
sätzen verhedderst.

▸ Schau dein Gegenüber beim Sprechen offen an.
Sprich nicht zu leise.

▸ Hast du Fragen zu der angebotenen Arbeit, mach dir
zu Hause ein paar Notizen, und nimm sie mit, damit
du nichts vergisst. Du zeigst durch die Fragen, wie
sehr du dich für den Job interessierst.

▸ Bietet man dir einen Platz an, setze dich auf-
recht, und stelle die Füße gerade neben-
einander. Wer mit verknoteten
Beinen oder im Schoß
verkrampften Händen auf
der Stuhlkante balanciert,
wirkt sehr unsicher und
verschüchtert.

> ▶ **Geschwister** Ohne Geschwister ist es besser. Da hat man ein eigenes Zimmer, seine Ruhe, genügend Taschengeld und stets die uneingeschränkte Aufmerksamkeit der Eltern.

Eine andere Meinung: Mit Geschwistern hat man immer jemanden zum Reden, zum Spielen oder zum Zuhören. Da ist immer was los, weil auch die Freunde von Bruder oder Schwester vorbeischauen, und überhaupt ist es längst nicht so öde und ätzend wie allein. Denn dann konzentriert sich die ganze Aufmerksamkeit der Eltern nur auf ein einziges, geliebtes und überwachtes Kind.

Beides hat Vorteile und Nachteile.

Im Großen und Ganzen ist der Zug inzwischen abgefahren. Dass deine Mutter noch ein Kind bekommt, rückt vermutlich langsam in den Bereich des Unwahrscheinlichen, und wenn du schon Geschwister hast, kannst du sie nicht einfach wieder dahin schicken, wo sie hergekommen sind. Problembewältigung ist angesagt!

Schwestersein ist keine leichte Aufgabe. Egal, ob die anderen Kinder in der Familie jünger oder älter sind, Konflikte gehören einfach dazu, wenn Menschen auf engem Raum zusammenleben. Wer sich diese Tatsache bewusst macht, kann schon einmal sein schlechtes Gewissen deswegen vergessen. Familien, die in bügelfreier Harmonie jedes Problem in steter gegenseitiger Zuneigung lösen und bei denen die Fetzen höchstens in den Mülleimer fliegen, gibt's nur in unglaubwürdigen Fernsehserien.

Am besten stellst du dir die Familie wie einen Staat vor. Die Regierungsform hängt von euren Eltern ab. Von der glatten Diktatur bis zur funktionierenden Demokratie ist alles möglich. Die Macht liegt jedoch in der Regel bei den

Eltern. Genau an diesem Punkt entzünden sich die meisten Konflikte.

Deine zunehmende Selbstständigkeit und deine Entwicklung führen logischerweise dazu, dass du diese Macht infrage stellst und einiges selbst entscheiden und bestimmen willst. Ältere Geschwister sind dir dabei eine Nasenlänge voraus. Sie haben mehr Rechte, dürfen z. B. später zu Bett gehen oder länger wegbleiben. Und sie genießen es oft – das ist nur zu menschlich –, ihre eigene kleine Macht an dir auszuprobieren.

Das ist besonders lästig, denn es trifft dich in einer Zeit, in der du selbst gerne unabhängiger, freier, erwachsener und selbstsicherer wärst. Plötzlich sollst du dir auch noch was von deinen Geschwistern sagen lassen. Der Krach ist vorprogrammiert.

Wie wäre es mit einer Familienkonferenz einmal im Monat, bei der auch die Rechte und Pflichten jedes Einzelnen geregelt werden? Aber Achtung, jeder muss in einem solchen Fall Stimm- und Sprachrecht bekommen. Die Eltern müssen das demokratische Ergebnis ebenso respektieren wie die Kinder! In einem solchen Fall könnte eine genaue Arbeitsliste für Hilfstätigkeiten im Haushalt erstellt werden, eine Bettzeitordnung, Regeln fürs abendliche Heimkommen, und es könnte geklärt werden, wann dein Zimmer auch für Geschwister tabu ist.

Wo die Verhältnisse klar geregelt sind, kann kein großer Bruder der kleinen Schwester seine Haushaltspflichten anhängen. Wenn feststeht, dass jedes Familienmitglied über dreizehn Jahren bis zweiundzwanzig Uhr aufbleiben darf, muss niemand über die Nesthäkchen sticheln, die um halb neun das Licht ausmachen müssen.

Lege nicht jeden dummen Spruch deines Bruders gleich auf die Goldwaage, und verbirg es, wenn du wirklich mal beleidigt bist. Wer sich nicht um doofes Gerede kümmert, gräbt dem Spaßvogel, der sich wichtig macht, am schnellsten das Wasser ab.

Hat dein Bruderherz überschüssige Kräfte, soll er sie auf dem Sportplatz austoben.

Im Übrigen, Brüder sind ideale Testpersonen. Wo kannst du Jungen schon so unmittelbar in allen Einzelheiten studieren wie an ihnen? Zu erkennen, wie und warum ein Bruder so und nicht anders reagiert, erfordert zwar Einfühlungsvermögen, aber das hast du doch!

Vielleicht ist er auch gar nicht so abgeneigt, wie du meinst, mit dir über seine Probleme zu reden. Du musst ja nicht gleich mit der Tür ins Haus fallen. Aus einem Gespräch über deine neueste Lieblingsplatte oder einen tollen Film kommt ihr vielleicht ganz zwanglos auf etwas zu sprechen, das ihn oder dich tiefer betrifft.

Ganz nebenbei gewinnst du eventuell über deinen Bruder ein Wissen über das männliche Geschlecht, das dir sehr nützlich sein kann, wenn du dich einmal fragst, was im Kopf deines Freundes vorgeht.

Aber nicht nur *Schwestersein* kann dir manchmal Kopfzerbrechen machen, auch das *Schwesternhaben* wächst sich oft zum Problem aus. Temperaments- und Altersunterschiede sorgen dabei ebenso für Zündstoff wie ein gewisses Rivalitätsgefühl. Die kleinere Schwester neidet dir deine Vorrechte und pocht auf Gleichberechtigung. Die größere Schwester spielt dir gegenüber womöglich den Boss, nur weil sie früher auf die Welt gekommen ist. Seid ihr altersmäßig lediglich ein oder zwei Jahre auseinander, ist das auch noch keine Garantie für ständige Harmonie. Ihr bewegt euch im gleichen Freundeskreis, ihr seid vielleicht auf derselben Schule und habt am Ende sogar dieselben Freunde. Logisch, dass es da in bestimmten Abständen einfach krachen muss! Kein Grund, deswegen ein schlechtes Gewissen zu haben!

Wer sich klar macht, dass solche Streitereien unter Schwestern einfach normal sind, kann das alles vielleicht sogar schon wieder ein wenig gelassener sehen. Gerade die erfolgreich durchgestandenen Reibereien ermöglichen es dir, dich auch später durchzusetzen.

Die Fehler, die du an deiner Schwester siehst, hast du möglicherweise selbst, und deswegen ärgern sie dich ganz besonders. Ist sie vom Temperament her dein totales Gegenteil, wird das garantiert genau dann betont, wenn es darum geht, einen *deiner* Fehler besonders zu unterstreichen.

Aber du bist bestimmt nicht die Einzige, die darunter leidet. Deine Schwester hat dasselbe Problem mit dir!

Wichtig für euch beide ist, dass ihr lernt, fair miteinander umzugehen. Versucht, eure Probleme untereinander zu lösen.

Habt ihr euch in einem Krach total ineinander verbissen, solltet ihr vielleicht einen Außenstehenden bitten, zwischen euch zu vermitteln. Das ist besonders dann wichtig, wenn es bei diesem Streit um Freundschaftsfragen geht. Ein anderes Mädchen oder ein Junge, der seine Sympathie zwischen zwei Schwestern aufteilen muss, sticht ahnungslos in ein Wespennest.

Im Grunde aber gilt für das Zusammenleben mit Schwestern dasselbe wie für das mit Brüdern: Toleranz, Fairness und eine Portion Humor bringen dich weiter als Trotz, Rechthaberei und heimliches Petzen!

▶▶ Schönheit und Kosmetik

Schönheit und Kosmetik ▶▶ Schönheit und Kosmetik

Schönheit und Kosmetik ▶▶ Schönheit und Kosmetik

Schönheit und Kosmetik ▶▶ Schönheit und Kosmetik

Schönheit und Kosmetik ▶▶ Schönheit und Kosmetik

Schönheit und Kosmetik ▶▶ Schönheit und Kosmetik

Schönheit und Kosmetik ▶▶ Schönheit und Kosmetik

Schönheit und Kosmetik ▶▶ Schönheit und Kosmetik

Schönheit und Kosmetik ▶▶ Schönheit und Kosmetik

Schönheit und Kosmetik ▶▶ Schönheit und Kosmetik

Schönheit und Kosmetik ▶▶ Schönheit und Kosmetik

Schönheit und Kosmetik ▶▶ Schönheit und Kosmetik

Schönheit und Kosmetik ▶▶ Schönheit und Kosmetik

Schönheit und Kosmetik ▶▶ Schönheit und Kosmetik

Schönheit und Kosmetik ▶▶ Schönheit und Kosmetik

‣ Dein Spiegel – Freund oder Feind?

Da hast du dich morgens gerade mal so aus dem Bett ge-
quält und stolperst noch halb verschlafen ins Badezimmer. Du bekommst kaum die Augen auf. Aber irgendwann ist er dann doch fällig, der erste Blick in den
Spiegel.

Gehörst du zu den Mädchen, die zuerst den grässlichen
Pickel auf der Stirn entdecken?

Mal abgesehen davon, dass du vielleicht ein chronischer
Morgenmuffel bist, siehst du dich selbst nicht viel zu düs-
ter?

Was ist Schönheit? *Schön ist alles, was man mit Liebe be-
trachtet*, hat Christian Morgenstern gesagt. Auch die alten Griechen haben sich die Frage nach der Schönheit
schon gestellt und den Begriff der Ästhetik dafür geprägt.
Ästhetik ist die Lehre von den Erscheinungsformen des
Schönen in der Natur und in der Kunst. Seitdem sind eine
Menge Bücher darüber geschrieben worden, und jeder
Philosoph hat eine andere Definition des Schönen gesucht.

Fest steht, über Geschmack lässt sich nicht streiten. Ein
und dasselbe Kunstwerk kann dich unheimlich beein-
drucken, und ein anderer findet es glatt abscheulich. Das
Gleiche trifft auf Bücher, Filme, Songs, Landschaften,
Klamotten und natürlich auch auf Menschen zu. Solange
du dich in dieser Frage auf dein eigenes Urteil verlässt, ist
nichts dagegen zu sagen. Wie langweilig wäre die Litera-
tur, die Musik- und Pop-Szene oder auch die Mode, wenn
wir alle das Gleiche mögen würden.

Aber so ganz kann trotzdem niemand verhindern, dass
sein Schönheitssinn manipuliert wird. Unser größter

Feind in dieser Hinsicht heißt Schönheitsideal. Jede Zeit hatte da zum Beispiel ihre Traumfrau. Im alten Griechenland waren das majestätische, hoch gewachsene, kräftige Damen. Im Barock musste eine schöne Frau so richtig üppig und mollig sein. Ende der sechziger Jahre des 20. Jahrhunderts hat das knabenhaft magere Topmodel Twiggy alle Mädchen zu Hungerkuren getrieben.

Auch heute geistert die Traumfrau durch die Medien, die Werbung, die Mode. Dieses überirdische Wesen mit den langen Beinen, den glänzenden Haaren und der schlanken, wohlproportionierten, sportlichen Figur würdest du bestimmt gerne morgens in deinem Spiegel sehen. Einem solchen Geschöpf würden die Jungen wahrscheinlich reihenweise zu Füßen liegen. Sie wäre nicht nur schön, sondern auch noch klug, hätte keine Probleme in Job oder Schule. Für sie wäre das Leben einfach. Denkst du wenigstens, und deswegen bist du mit deinem verschlafenen Spiegelbild schon unzufrieden, ehe der Tag überhaupt richtig begonnen hat.

Aber dazu hast du gar keinen Grund! Je früher du beginnst, dich von derartigen Normen zu lösen, umso wohler wirst du dich fühlen. Könnte man Zuneigung und Liebe mit den richtigen Klamotten, der passenden Frisur und einer tollen Figur erzwingen, dürften Filmstars und Models nie Liebeskummer haben.

Aber sie haben ihn genauso wie du! Sie haben auch Pickel und Tage, an denen sie sich selbst nicht leiden können. Die Bilder und Filme zeigen nur ihre Schokoladenseiten, und kein Mensch hat nur die.

Schönheit kommt von innen, heißt es in einem Werbespot für Schönheitsdragées. Das stimmt. Aber nicht so, wie die Werbemacher das meinen. Es kommt nicht so sehr auf die perfekte Figur und ein makellos schönes Gesicht an, sondern auf die Ausstrahlung.

Jede Umfrage darüber, welche Eigenschaften Jungen an Mädchen gut finden, nennt auf den ersten Rängen Natürlichkeit, Humor, Ehrlichkeit und Treue. Das Mädchen dort in deinem Spiegel hat bestimmt gute Chancen, diese Ansprüche zu erfüllen. Es ist in seiner Gesamtheit einzigartig, auch wenn vielleicht seine Hüften ein wenig zu mollig sind oder die Augen zu klein.

Die Art, wie dieses Mädchen dort sich bewegt, ihre Pläne, ihre Wünsche, wie sie spricht und wie sie lacht, wovon sie träumt, eben ihr gesamtes Wesen, das macht ihre ganz individuelle Schönheit aus.

Nicht perfekte, makellose Schönheit wirkt anziehend, sondern ein sympathisches Gesicht mit Lachfältchen um den Mund. Also, sag dir Guten Morgen, und dann ab unter die Dusche. Sauber, gepflegt und deinem Typ entsprechend angezogen, wird es sicher nicht das einzige Lächeln bleiben, das dich im Laufe des Tages anstrahlen wird. Wetten?

Du bist das, wozu dich deine eigenen Gedanken gemacht haben. Achte auf das, was du denkst!

Yoga-Regel von Vivekananda

▶ **Albtraum Traumfigur** „Eigentlich bin ich ja
ganz hübsch, wenn ich bloß nicht so dicke Hüften hätte!"
„Mein Busen ist unmöglich! Ich denke immer, alle starren
mich deswegen an!"
„Ich muss unbedingt abnehmen, damit ich wieder in meine Jeans passe!"
„Ich bin viel zu dünn! Die reinste Vogelscheuche, alles
hängt an mir wie ein Sack!"
Und so weiter und so weiter. Sicher hast auch du den einen oder anderen Seufzer in dieser Richtung schon von
dir gegeben. Gut 75 Prozent aller Frauen sind mit ihrer
Figur unzufrieden! Das hat schließlich sogar die Wissenschaftler bewogen, sich ernsthaft mit dem Thema Figur
zu beschäftigen. Hier die wichtigsten Erkenntnisse: Die
Anlagen für deine Figur bekommst du in die Wiege gelegt. Man unterscheidet drei generelle Typen:

1 Leptosom – das sind schlanke Mädchen, mit schmalem
Gesicht, dünnen Armen und Beinen, kleinem Busen und
einer knabenhaften Figur.

2 Athletisch – der große Sportlerinnentyp mit kräftig ausgebildeten Muskeln, breiten Schultern und starken Beinen, deren Figur eher kantig ist.

3 Pyknisch – rundlich, weiblich mit sehr ausgeprägten
Hüften, wohlgeformtem Busen, von eher kleiner bis mittlerer Körpergröße.

Welchem dieser drei Typen dein Körperbau entspricht, ist
genetisch festgelegt. Auch an welchen Stellen du am

meisten zunimmst und ob du die Nahrung gut verwertest, sodass wenig nicht verwertete Kalorien als Fettpolster eingelagert werden, ist schon in deinen Erbanlagen festgeschrieben. Sosehr du dich mit deiner Figur auch abmühst, an der Grundform gibt es wenig zu ändern.

Gehörst du zu den Molligen, wird dir keine Diät der Welt eine knabenhafte Figur verschaffen, und umgekehrt wird sich ein leptosomes Mädchen, das sich mehr Busen wünscht, mit seiner Figur, so wie sie ist, abfinden müssen. Je früher du lernst, in dieser Richtung ehrlich zu dir selbst zu sein, umso weniger Kummer wird dir deine Figur bereiten.

Gerade beim Thema Figur spukt das fragwürdige Wörtchen *ideal* in den Köpfen der Frauen herum. Jahrelang gab es eine Formel für das so genannte Normalgewicht: Körpergröße in Zentimetern minus 100, und das Idealgewicht musste zehn, wenn nicht gar 15 Prozent darunter liegen. Für viele Mädchen und Frauen ein völlig unerreichbares Ziel.

Glücklicherweise hat die Forschung mit diesem Spuk aufgeräumt. Amerikanische Wissenschaftler haben den *Body Mass Index* festgelegt, der die Körperlänge eines Menschen sozusagen in Fläche aufteilt.

Dazu multiplizierst du deine Größe mit sich selbst und teilst dann das aktuelle Körpergewicht durch das Ergebnis. Wenn du zum Beispiel 1,65 m groß bist und 60 Kilo wiegst, lautet die Rechnung 1,65 x 1,65 = 2,72. Jetzt rechnest du 60 : 2,72 = 22,05.

Der ideale Körpermassenindex liegt zwischen 18 und 25. Wessen Index unter 18 liegt, sollte aus Gesundheitsgründen zunehmen, wenn er über 25 liegt, abnehmen.

Aber Achtung, auch diese Formel gilt nur für Mädchen, die bereits ihre endgültige Körpergröße erreicht haben. Eine Elfjährige, die garantiert noch ein paar Zentimeter wächst, kann damit völlig schief liegen! Also ab in den Papierkorb mit festgelegten Normen und Idealgewichten! Das Gleiche gilt auch für Tabellen, die dir vielleicht vorschreiben, dass du zwischen 9 und 12 Jahren 2200 Kalorien oder zwischen 12 und 15 Jahren 2500 Kalorien zu dir nehmen darfst. Vergiss solche Ratschläge!

Großes Über- oder Untergewicht ist kein Anlass zu Diätexperimenten, sondern muss unter ärztlicher Aufsicht bekämpft werden. Ein Mediziner, möglicherweise auch ein Psychologe muss zunächst feststellen, ob dein Problem körperliche oder seelische Ursachen hat. Danach kann gemeinsam mit deinen Eltern ein Ernährungs- und Gesundheitsprogramm aufgestellt werden. Das soll jedoch nicht aus Schönheitsgründen geschehen, sondern weil extremes Über- oder Untergewicht dich anfälliger für Krankheiten macht und die Lebenserwartung verringert.

Manchmal genügen schon ein paar mollige Oberschenkel, und man findet sich so richtig hässlich und fett. Du glaubst, jeder sieht nur diesen Negativpunkt, wenn er dich anschaut. Was hilft dagegen? Die neueste Wunderdiät? Sicher nicht!

Die Veränderungen, die während der Pubertät in deinem Körper vor sich gehen, das Wachsen und die ständigen Hormonschwankungen, sorgen dummerweise dafür, dass du dich in deiner Haut jetzt nicht besonders wohl fühlst. Und das ausgerechnet zu einer Zeit, in der dir dein Aussehen plötzlich wichtiger ist als je zuvor.

Was tun? Die neueste Modediät verstärkt nur deinen Frust, statt ihn wirksam zu bekämpfen! Und im umgekehrten Fall, weil du dich viel zu dünn findest, mag die Tafel Schokolade jeden Nachmittag ganz tröstlich sein, aber gesund ist dieser Weg auch nicht.

Dein Körper entwickelt so eine Art eigenen Willen, wenn es um das leidige Thema dick oder dünn geht. Er ist auf ein Wohlfühlgewicht programmiert, das deiner Laune und deiner Gesundheit am besten bekommt, und er wird nach jeder Diät automatisch versuchen, wieder in diesen Bereich zurückzukehren.

Das hat zur Folge, dass du deine heruntergehungerten Pfunde nach Ende der Diät blitzartig wieder zugenommen haben wirst. Klar, dass sich ein Misserfolg auf die Laune schlägt, sodass du nach der nächsten garantiert Erfolg versprechenden Hungerkur schielst und am Ende nur deinen Stoffwechsel total durcheinander gebracht hast.

Dieser so genannte Jo-Jo-Effekt, mit dem dich dein Körper immer wieder austrickst, kommt dadurch zustande, dass er seinen Grundumsatz senkt, wenn die Nahrung knapp wird. Der Energiepegel wird durch die Nahrung verändert.

Der Körper erinnert sich gewissermaßen an unerfreuliche Hungerphasen und wird sich, sobald er wieder mehr Nahrung zugeführt bekommt, zu allererst daranmachen, eine Reserve für den nächsten Notfall anzulegen, damit er nicht mehr so leiden muss. Pölsterchen, auf die er zurückgreifen kann, wenn die nächste Diät über ihn hereinbricht. Und wie beim Jo-Jo-Spiel bist du über kurz oder lang in einem ständigen Ab- und Zunehmstress, der nicht nur deiner Laune, sondern auch deiner Gesundheit schadet.

Genau genommen macht dir ja weder das Hungern noch das planlose Formenanfuttern Spaß. Beides ist totaler Frust, denn es ist von vornherein zum Scheitern verurteilt. Das Geheimnis einer schönen Figur ist nämlich weder Diät noch Mast, sondern: *die richtige Ernährung in Verbindung mit der richtigen Bewegung!*

Um in Form zu bleiben oder zu kommen, benötigst du eine ausgewogene Kost, die sowohl Ballaststoffe als auch Spurenelemente, Vitamine und Mineralstoffe enthält. Ideal wäre dabei ein Verhältnis von zwei Dritteln roher Nahrung und einem Drittel gekochter.

Roh sind zum Beispiel: Früchte, Gemüse, Honig, Nüsse, Getreide, Milch, Jogurt und Quark. Zur Kochkost rechnet man: Fleisch, Geflügel, Fisch, Eier, Käse und alle Weißmehlprodukte. Bei den Getränken bevorzugst du am besten Mineralwasser, Kräutertee und ungezuckerte Fruchtsäfte. Die Menge sollte auf jeden Fall pro Tag mehr als einen Liter betragen! Wer weniger trinkt, schadet seiner Gesundheit.

Das Beste, was du neben der richtigen Ernährung für deine Figur tun kannst, ist Bewegung! Also Fernseher aus und raus an die frische Luft! Mit der richtigen Sportart kannst du nämlich dafür sorgen, dass dein Körper besonders an den so genannten Problemzonen auf Trab kommt.

Oberschenkel und Beine straffen sich zum Beispiel durch Radfahren, Laufen und Schwimmen. Deine Pomuskeln werden bei Hüpfsportarten wie Seilspringen oder allen Ballspielen beansprucht. Hüften, Bauch und Taille tut Gymnastik gut.

Zugegeben, eine halbe Stunde Rad fahren verbrennt rund 230 Kalorien, und das entspricht nicht mal einem dick belegten Wurstbrötchen. Aber du wolltest ja nicht abnehmen, sondern dein Gewebe festigen, und das gelingt durch Sport garantiert. Außerdem hat Sport eine fantastische Nebenwirkung: Bei angestrengter körperlicher Bewegung werden Endorphine produziert, und die wirken appetitzügelnd!

Zum Hungern hat dein Körper beim Sport nämlich weder Zeit noch Kraft. Erst ein bis zwei Stunden nach der Anstrengung sinkt dein Blutzuckerspiegel, und dein Magen wird knurren. Gewöhnst du dir jedoch an, nach dem Sport Obst oder Salat zu essen, trickst du Magen und Blutzuckerspiegel aus und fühlst dich auch ohne Heißhunger wohl.

Willst du ein wenig Gewicht zulegen, trinkst du zunächst ein Mineralwasser, um den Flüssigkeitsverlust auszugleichen, und kannst dann mit ungewohnt herzhaftem Appetit essen. Was du zunimmst, wird bei dieser Methode garantiert straff und durchtrainiert aussehen und nicht als Fettpolster an der falschen Stelle sitzen.

Und noch ein Tipp. Fettdepots werden beim Sport besser abgebaut, wenn du dich dabei nicht zu hektisch bewegst. Das schnelle Training verbrennt in erster Linie Kohlenhydrate. Gerade beim Schwimmen, Radfahren oder Laufen ist es wichtig, dass du dich langsam, aber kontinuierlich bewegst.

Die Kontrolle ist ganz einfach. Wenn du nebenbei noch mit einer Freundin reden kannst, ohne dass du außer Atem kommst, ist dein Tempo okay. Du darfst zwischendurch zwar mal eine Pause machen, insgesamt solltest du aber mindestens dreißig Minuten in Bewegung sein. Eine Stunde wäre natürlich noch besser.

Sichtbar wird der Erfolg allerdings erst nach ein paar Wochen. Darauf musst du dich einstellen. Hältst du durch, wirst du merken, dass du nicht nur eine bessere Figur bekommen hast. Du wirst dich wohler fühlen, du wirst ausgeglichener sein und bessere Laune haben.

▶ Einfach ein bisschen Schönheit essen!

Auch wenn dir ab und zu ein Ernährungsausrutscher in Richtung Hamburger und Pommes einfach gut schmeckt, es ist wichtig, dass du genau darauf achtest, was du isst.

Eine gesunde, ausgewogene Ernährung ist der wirksams-

te Weg zu schöner Haut, glänzenden Haaren, gesunden Zähnen und strapazierfähigen Nerven. Die fünf wichtigsten Schönheitsvitamine heißen A, B, C, D und E.

Wachstum und Zellerneuerung werden durch das *Vitamin A* unterstützt. Du isst es in Karotten, Roter Beete, Salat, Tomaten, Milch, Quark, Butter, Eidotter und Leber. Karotin kann allerdings nur in Verbindung mit ungesättigter Fettsäure zu *Vitamin A* verwandelt werden, sodass in Karottensaft oder Salat immer einige Tropfen Öl oder Sahne gehören.

Nervennahrung enthält vor allem das *Vitamin B*, zum Beispiel in Leber, Eigelb, Milch, Innereien, Hülsenfrüchten, Kartoffeln, Hefe, Getreide und Nüssen.

Deine Widerstandskraft, der Hormonhaushalt und das Zellwachstum benötigen *Vitamin C*. Sanddorn, Hagebutten, schwarze Johannisbeeren, Zitrusfrüchte, Tomaten, grüne Blattgemüse, Salat, Sauerkraut, rote Paprika und Petersilie enthalten viel Vitamin C.

Knochen und Zähne werden mit *Vitamin D* gestärkt. Du findest es in Butter, Vollmilch, Rahm, Hering, Bückling, Eigelb, Getreidekeimlingen, Pilzen und Spinat.

Das *Vitamin E* wird auch Frauenvitamin genannt. Es stimuliert die weiblichen Hormone und wirkt sich positiv auf dein Allgemeinbefinden aus. Weizenkeime, kalt geschlagenes Sonnenblumenöl, Naturreis, Sojabohnen, Erdnüsse, Butter, Milch, Eidotter, Gemüse und Salat versorgen dich damit.

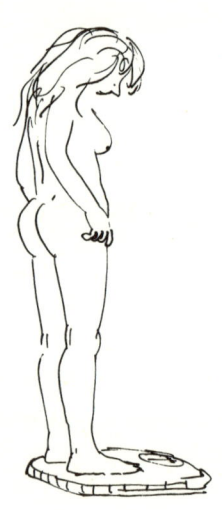

Lecker und leicht

Hier kommt die gesunde Konkurrenz für Gummibärchen und Schokoriegel. Statt Kalorien jede Menge Vitamine und Mineralstoffe, sodass du beruhigt zuschlagen kannst!

Äpfel: Vitaminsieger sind die Sorten Cox Orange, Berlepsch und Goldparmäne.

Buttermilch: Liefert Kalzium für Knochen und Zähne.

Fisch: Spezialservice für deine Schilddrüse. Fisch ist sehr jodhaltig. Fehlt dir Jod, fühlst du dich müde, lustlos und kannst dich schlecht konzentrieren!

Gurken: Frischer Fitmacher, der Mineralstoffe liefert und entwässert.

Karotten: Viel Vitamin A. Gut für Haut und Augen.

Kiwi: Nur ein Stück enthält bereits den Vitamin-C-Bedarf eines Tages!

Knäckebrot: Enthält viele Ballaststoffe.

Magerjogurt: Enthält viel Vitamin B. Gut für die Haut.

Quark: Die tolle Kalziumbombe, Quark stärkt die Knochen und verträgt von süß bis salzig jede Begleitung.

Radieschen: Ihr Geheimnis heißt Folsäure, sie sorgt für das Gleichgewicht der Darmflora.

Rettich: Mit seinem hohen Kaliumgehalt aktiviert er verschiedene Enzyme und senkt den Blutdruck.

Sprossen: Kresse, Soja und Alfalfa sind Proteinbomben und enthalten jede Menge wichtige Fettsäuren.

Tomaten: Viel Vitamin A ist prima für die Haut.

▶ **Essstörungen** Dass du aus Kummer, aus Freude oder schlicht aus Langeweile isst, kann schon vorkommen. Solange du nach kurzer Zeit wieder zu normalen Mengen und einem gesunden Rhythmus zurückfindest, ist alles in Ordnung. Dann sind Seele und Körper wieder in Balance, und du musst Stimmungstiefs nicht durch Essen ausgleichen.

Leider gibt es sehr viele Frauen und Mädchen, die zu diesem Gleichgewicht nicht mehr aus eigener Kraft zurückfinden. Sie empfinden jedes Gramm ihres Körpers als unerträgliche Belastung. Die panische Angst vor dem Dickwerden wird zur Krankheit, die sich bei den einen darin äußert, dass sie hungern, bis sie völlig abgemagert sind (Anorexia nervosa), während andere unheimliche Mengen essen und sie dann gewaltsam wieder ausspeien (Bulimie).

Die Rede ist von Magersucht und der Fress-Brech-Sucht. Beide sind psychisch bedingt. Immer mehr Mädchen und Frauen leiden darunter. Es gibt in der Bundesrepublik ungefähr 100 000 Magersüchtige und zirka 500 000 Bulimiekranke. Diese Angaben beruhen auf Schätzungen von Ärzten. Aber die Dunkelziffer liegt wahrscheinlich weit höher.

Pubertätsmagersucht ist eine Sonderform der Magersucht, unter der viele Mädchen während ihrer Pubertät leiden. Diese Mädchen wollen nicht erwachsen werden. Sie wollen nicht, dass ihr Körper anfängt, weibliche Rundungen zu zeigen. Sie haben Angst vor ihrer neuen Rolle als Frau, oft auch vor der Sexualität.

Sie wollen ein Kind bleiben, ohne Brüste, ohne Menstruation.

Eine andere mögliche Erklärung ist, dass diese Mädchen sich und anderen beweisen wollen, dass sie selbst die Kontrolle über ihr Leben haben und nicht ihre Eltern oder andere Bezugspersonen. Die extreme Kontrolle der Nahrungsaufnahme ist eine gute Möglichkeit, das zu beweisen.

Die große Gefahr bei der Magersucht ist, dass sie in ihrem Frühstadium so unauffällig ist.

Der dumme Schlankheitswahn, den die Mode diktiert, lässt es so verflixt normal erscheinen, wenn ein Mädchen wenig isst. Im Gegenteil, es wertet die Kranke in den Augen der anderen sogar oft auf, denn sie ist ja schlank. Sie wird sogar beneidet und bewundert, weil sie sich im Gegensatz zu vielen anderen Mädchen ja fabelhaft im Griff hat.

Genau hier verpassen kranke Mädchen den Absprung. Diese Anerkennung verschafft ihnen ein totales Glücksgefühl. Sie haben die absolute Macht über ihren Körper und ihre körperlichen Bedürfnisse erreicht. Viele Magersüchtige hungern sich richtiggehend zu Tode. Sie sterben oft an einer an sich harmlosen Infektion, weil ihr geschwächter Körper schon längst nicht mehr über normale Abwehrkräfte verfügt.

Das ist für Außenstehende ebenso schwer nachzuvollziehen wie die heißhungrigen Mahlzeiten der Mädchen, die unter Bulimie leiden. Diese Mädchen beherrschen sich nicht, sie müssen im Gegenteil sogar oft zwanghaft in einer wahren Esswut in sich hineinstopfen, was sie bekommen können. In Mengen, bei denen es jedem anderen längst schlecht geworden wäre. Nach diesem gierigen Fressanfall stecken sie sich den Finger in den Hals oder versuchen sich irgendwie zu übergeben, damit ihr Körper ja keine Kalorien aufnimmt, damit sie ja nicht zunehmen. Bulimie ist gewissermaßen eine Sondererscheinung der Magersucht.

Beide Krankheiten ruinieren die Gesundheit. Menstruationsstörungen und Hautschäden sind die Folge. Nieren, Herz und Kreislauf können nicht mehr richtig arbeiten. Bulimiekranke müssen sogar um ihre Zähne fürchten, da die Magensäure beim Erbrechen den Zahnschmelz beschädigt. Die ständige Unterernährung führt noch zu einer ganzen Reihe von Mangelerscheinungen.

Das größte Problem ist jedoch, dass beide Krankheiten meistens erst sehr spät erkannt werden. Erst später, wenn sich die Mädchen abkapseln, um ihre Sucht zu verbergen, und Tricks erfinden, um ihre Umgebung zu täuschen, oder wenn die gesundheitlichen Schäden bereits sichtbar sind, werden sie entdeckt.

Oft ist die Erkenntnis dieser Krankheit ein schrecklicher Schock für alle Beteiligten.

Vorwürfe helfen wenig. Wichtig ist, dass die Betroffenen so schnell wie möglich medizinische und psychologische Hilfe finden. Eine solche Hilfe kann jedoch nur Erfolg haben, wenn es gelingt, ein krankes Mädchen zum Mitmachen zu motivieren. Es muss selbst einsehen, dass es nicht gesund ist, und bereit sein, über seine Krankheit zu reden.

An diesem Punkt sind auch Freunde und Freundinnen gefordert. Ihr bemerkt vielleicht eher als die Eltern die drohende Gefahr. Je früher ein betroffenes Mädchen Hilfe sucht, umso größer sind seine Chancen, wieder gesund zu werden. Es gibt verschiedene Organisationen, die es sich zur Aufgabe gemacht haben, Menschen mit Essstörungen zu helfen. Informationen, Hilfe und Auskünfte bekommst du unter folgenden Adressen:

Deutsche Intergruppe der
Overeaters Anonymous (OA)
Im Winkelrain 22
72076 Tübingen

Cinderella
Aktionskreis Ess- und Magersucht e.V.
Westendstraße 35
80339 München
Telefon: 0 89/5 02 12 12

ANAD Selbsthilfegruppe
Anorexia-Bulimia-Nervosa e.V.
Seitzstraße 8
80538 München
Telefon: 0 89/24 23 99 60
http://www.anad-pathways.de

Deutsche Hauptstelle gegen die Suchtgefahren e.V.
Postfach 13 69
59003 Hamm
Telefon: 0 23 81/9 01 50

▶ Pickel und Mitesser – zum Aus-der-Haut-Fahren!

Da sitzt das Biest! Dick und gelb, und ausgerechnet genau da, wo es jedem ins Auge fällt und dich todunglücklich macht.

Dieser blöde Pickel! Deine Haut, der du in den Jahren zuvor kaum Aufmerksamkeit geschenkt hast, macht plötzlich von Tag zu Tag mehr Ärger!

Dass es vielen Mädchen und Jungen während der Pubertät so geht, tröstet dich wenig. Du willst das Pickelbiest loswerden, möglichst noch ehe du zur Schule gehst. Wenn du dem Feind jetzt mit Fingernägeln, Pinzette oder Nadel auf den gelben Leib rückst, begehst du einen Fehler, den deine Haut nur schwer verzeiht. Möglicherweise handelst du dir sogar eine Narbe ein.

Für die richtige Pickelstrategie, die dir diese Ungeheuer vom Leib hält, brauchst du ein paar Informationen. Du weißt bestimmt, dass deine Haut Talgdrüsen enthält. Mit Ausnahme der Handinnenflächen und der Fußsohlen sind sie überall. Sie sorgen dafür, dass deine Haut geschmeidig bleibt. Je nachdem, wie fleißig diese Drüsen arbeiten, hast du eine fette oder eine trockene Haut.

Im Moment sind sie leider, wie viele andere Drüsen in deinem Körper, durch die Pubertät aus dem Gleichgewicht geraten. Sie bilden viel zu viel Fett, deine Haut glänzt, und der Talgnachschub verstopft die Poren. Sie können ihre Produktion gar nicht so schnell nach außen abgeben, wie unten schon wieder Nachschub produziert wird.

Dieser Talgstau ist ein so genannter Mitesser, aus dem in Windeseile ein hässlicher, roter Pickel werden kann. Dass Mitesser in der Mitte manchmal schwarz sind, hat nichts mit Schmutz zu tun, sondern der Talg oxydiert an der Luft und verfärbt sich dadurch dunkel. Tauchen die ungebetenen Dinger in Mengen auf, und plagen sie dich auch an Rücken und Schultern, besteht die Gefahr, dass aus harmlosen Pickeln richtige Akne geworden ist.

Akne ist eine Hautkrankheit, die unbedingt in ärztliche Behandlung gehört. Mit kosmetischen und pflegenden Mitteln allein erreichst du nichts. Der Frauenarzt oder der Hautarzt behandelt dich und verschreibt dir die entsprechenden Medikamente, damit du keine Narben bekommst und diese schwierige Zeit so gut wie möglich überstehst. Denn absehbar ist das Problem ja. Mit dem Abklingen der Pubertät normalisiert sich die Talgproduktion.

Im Umgang mit Pickeln ist die wichtigste Vorschrift gnadenlose Sauberkeit. Das fängt bei einem eigenen Waschlappen für das Gesicht an (bitte täglich wechseln) und hört beim frischen Handtuch auf.

Sicher weißt du, dass es jede Menge Pflegeserien für Problemhaut gibt. Da fällt die Wahl schwer. In einem Fachgeschäft, einer Drogerie oder einer Apotheke wirst du beim Kauf immer sorgfältig beraten. Im Supermarkt bist du ganz auf dich selbst angewiesen.

Inzwischen müssen die Hersteller die Inhaltsstoffe ihrer Cremes und Lotionen auf der Verpackung angeben, sodass du gut vergleichen kannst, ob nicht in der billigeren Serie, die vielleicht weniger schick verpackt ist, genau das Gleiche drin ist.

Du kannst gegen die lästigen Pickel und Mitesser aber auch erst einmal mit bewährten und preisgünstigen Hausmitteln vorgehen. Viele Rezepte und Gebrauchsanweisungen findest du in dem Kapitel „Naturkosmetik".

Dampfbäder zum Beispiel öffnen die Poren. Dadurch kann man die Haut besser von Talg- und Schmutzresten reinigen. Nach einem zehnminütigen Dampfbad ist es sogar erlaubt, den Pickeln zu Leibe zu rücken. Umwickle deine sauberen Finger mit einem Papiertuch und drücke mit den Fingerkuppen (nicht mit den Nägeln!) vorsichtig von unten nach oben gegen die Mitesser.

Bitte darauf achten, dass du nicht den einen Pickel mit dem anderen verunreinigst. Lieber öfter das Papiertuch wechseln und deine Haut nicht mit Gewalt quetschen. Danach die Stellen mit Gesichtswasser betupfen, damit die kleine Wunde desinfiziert wird. Pickelstifte oder spezielle Cremes fördern die Heilung.

Traust du dir diese Pickelbehandlung nicht zu, hilft dir vielleicht der Besuch bei einer Fachkosmetikerin. Sie hat die richtige Ausbildung, um eine gründliche Basisreinigung deiner Haut vorzunehmen und dich bei der weiteren sinnvollen Pflege zu beraten.

Auch hier ist natürlich Preis- und Produktvergleich angesagt. Du kannst dich sehr wohl vor der Behandlung über die verwendeten Produkte und die Methoden informieren. Erst dann musst du dich entscheiden, ob du einen Termin bei dieser Kosmetikerin haben möchtest oder nicht.

Es ist kein alberner Spleen, bereits in deinem Alter die Fachfrau zu Rate zu ziehen. Im Endeffekt kostet es dich vielleicht sogar weniger, als eine Pickelcreme nach der anderen auszuprobieren und möglicherweise sogar Narben zurückzubehalten, weil du ein wenig zu stürmisch mit deiner Haut umgegangen bist. Hat nicht neulich jemand gefragt, was du dir zum nächsten Geburtstag wünschst? Die meisten Kosmetikerinnen schreiben Geschenkgutscheine für eine Grundbehandlung aus!

Du kannst deiner Haut mit nachlässiger Ernährung ebenso schaden wie mit falscher Pflege. Pommes, Hamburger und Ketschup wirst du umsonst nach Schönheitsvitaminen durchsuchen, und sehr scharf gewürzte, fette Speisen regen in erster Linie deine sowieso schon fleißigen Talgdrüsen an.

Da diese arbeitswütigen Drüsen jedoch durch das Hormonchaos in deinem Körper stimuliert sind, werden sie sich wieder beruhigen, wenn sich der Hormonhaushalt stabilisiert hat. Manche Mädchen stellen eine deutliche Besserung ihrer Hautprobleme fest, wenn sie die Antibabypille nehmen.

Die tägliche Pflege für unreine Haut

▸ Reinige dein Gesicht morgens und abends mit einer alkalifreien Spezialseife oder einer milden Reinigungslotion. Spezialprodukte für unreine Haut enthalten meistens auch antiseptische Substanzen.

▸ Gesichtswasser auf einen Wattebausch tropfen und das Gesicht gründlich, aber sanft abwischen. Hals nicht vergessen!

▸ Pickelstellen mit Spezialstift oder Paste abdecken und ein wenig einwirken lassen.

▸ Pflegecreme auftragen.

▶ Ein einfacher Hauttest

Die Haut ist das größte Organ deines Körpers. Abhängig von deiner Größe bedeckt die Haut eine Fläche von circa ein bis zwei Quadratmetern. Das Zellwachstum sorgt dafür, dass sich die oberste Hornschicht alle drei bis vier Wochen erneuert.

Über die Haut hältst du Verbindung mit der Welt, und manches, was du erlebst, geht dir *unter die Haut*. Deswegen ist es mit Sicherheit angebracht, sich Gedanken zu machen, wie du deine Haut richtig pflegst und schützt. Das griechische Wort Kosmetik heißt nämlich nichts anderes als Körper- und Schönheitspflege.

Deine Haut wird sowohl von äußeren Umwelteinflüssen belastet als auch von deinem körperlichen und seelischen Befinden. Hast du schlecht geschlafen, oder bist du krank, sieht man dir das an.

Logisch, dass von den zwei Quadratmetern die wenigen Quadratzentimeter Haut im Gesicht im Mittelpunkt der Aufmerksamkeit stehen. Um sie sinnvoll zu pflegen und möglichen Schäden vorzubeugen, ist es nötig, deinen Hauttyp festzustellen.

Diesen Test kannst du mit einem Stück dünnem, sauberem Seidenpapier problemlos selbst durchführen. Reinige dein Gesicht am Abend gründlich mit viel lauwarmem Wasser, aber verwende weder Creme noch Gesichtswasser.

Morgens, vor der nächsten Reinigung, legst du das Seidenpapier auf dein Gesicht und drückst es ein wenig mit den Handflächen fest. Nicht reiben oder zerren, nur so, dass du die Berührung als sanften Druck spürst.

Dann das Papier abnehmen und es genau begutachten:

- Findest du keine Spur von Fett auf dem Seidenpapier, hast du trockene, vielleicht sogar empfindliche, feuchtigkeitsarme Haut.
- Wenige, kaum sichtbare Abdrücke zeigen normale Haut an.
- Siehst du dem Papier an, dass es überall mit Talg in Berührung gekommen ist, hast du garantiert fettige Haut.
- Abdrücke speziell im Bereich von Stirn, Nase und Kinn sind typisch für Mischhaut.

Mit diesen Informationen kannst du gezielt Pflegeprodukte auswählen, die für deinen Hauttyp geeignet sind.

Trockene Haut Trockene Haut soll sanft gereinigt werden und verträgt weder zu heißes noch zu kaltes Wasser. Alkoholfreies Gesichtswasser und Cremes auf der Basis von pflanzlichen Ölen tun ihr gut. Statt Dampfbädern besser Kompressen anwenden (siehe Naturkosmetik).

Normale Haut Dieser Hauttyp verträgt milde, alkalifreie Seife oder Waschlotion, Gesichtswasser mit ein bisschen Alkoholzusatz und leichte Pflegecremes oder Gels.

Fettige Haut Fettige Haut profitiert von der leicht austrocknenden Wirkung von Seife und säuerlichem oder entzündungshemmendem Gesichtswasser (siehe Naturkosmetik). Die Pflegecreme darf nicht zu fett sein. Dampfbäder sind sehr empfehlenswert.

Mischhaut Mischhaut muss je nach Partie getrennt gepflegt werden.

Alle Hautarten reagieren sauer, wenn man sie mit schmutzigen Fingern anfasst oder die Reinigung vernachlässigt. Besonders nach dem Sport, nach Partys oder einem ausgedehnten Stadtbummel, wenn du sehr müde bist, denkst du sicher nicht immer an eine gründliche Reinigung. Bitte rufe dir in Erinnerung, was sich mittlerweile alles auf deiner Haut abgelagert haben muss. Willst du riskieren, dass Talg, Schweiß und Schmutz bis zum nächsten Morgen die Poren verstopfen?
Übrigens: Auch die restlichen Quadratzentimeter Haut deines Körpers sind ausgesprochen dankbar für regelmäßige Reinigung!
Duftende Duschmittel und pflegende Badezusätze müssen nicht sein, aber sie steigern das Wohlbefinden. Beim Duschen spülst du Schmutz und Schweiß ja automatisch ab. Wenn du jedoch ein entspannendes, pflegendes Schönheitsbad nehmen möchtest, ist eine Grundreinigung vorher zu empfehlen.

Neurodermitis

Rund eineinhalb Millionen Jugendliche in Deutschland leiden an einer Hautkrankheit, die man als Umweltallergie bezeichnet.

Neurodermitis verursacht einen furchtbaren Juckreiz auf der Haut. Die Kranken können es kaum noch ertragen. Sie kratzen sich bis aufs Blut.

Die ständig steigende Zahl jugendlicher Patienten hat die Medizin zwar alarmiert, bisher ist jedoch weder die Ursache der Neurodermitis genau erforscht, noch gibt es Behandlungsmethoden, die wirklich auf Dauer heilen.

Man nimmt an, dass Neurodermitis unter anderem mit der zunehmenden Umweltverschmutzung zusammenhängt. Inzwischen gibt es schon Säuglinge, die mit Neurodermitis zur Welt kommen. Manchmal schlummert auch die Veranlagung jahrelang in einem Menschen und bricht dann plötzlich ohne ersichtlichen Grund hervor. Die Hormonumstellung in der Pubertät, seelische Belastungen oder ungenügende Ernährung können daran schuld sein.

Mädchen, die an Neurodermitis leiden, sollten ihrer Nahrung besonderes Augenmerk schenken. In einer Spezialklinik für Neurodermitiskranke, in Höhenkirchen bei München, hat man mit gesunder Ernährung, Entspannungstechniken und Psychotherapie überraschende Erfolge erzielt.

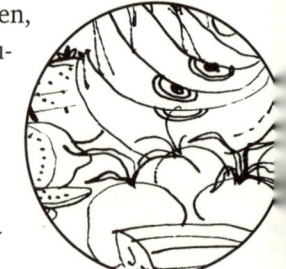

▸ Naturkosmetik: erschwingliche Kosmetikrezepte zum Selbermachen

Buttermilchkosmetika Empfindliche Haut reinigst du besonders schonend, wenn du dafür einen Wattebausch verwendest, den du zuvor in Buttermilch getaucht hast. Zartes Betupfen mit Buttermilch hilft auch prima bei Sonnenbrand. Müde Augen werden innerhalb von fünf Minuten wieder frisch, wenn du in Buttermilch getränkte Wattepads auf die geschlossenen Lider legst.

Gesichtswasser mit Honig Empfindliche Haut pflegst du mit einem Honiggesichtswasser. Löse einen Teelöffel Honig in ein wenig warmer Milch auf, und betupfe das Gesicht damit. Honig wirkt beruhigend und pflegend!
Wenn du einen Esslöffel Bienenhonig im Wasserbad auflöst, 0,2 Liter destilliertes, lauwarmes Wasser hinzugibst und einen Spritzer Zitronensaft reintust, erhältst du ein erfrischendes Gesichtswasser für jeden Hauttyp.
Hamameliswasser, das du in der Apotheke bekommst, ist die Basis für ein Gesichtswasser, das unreiner Haut gut tut. Einen Esslöffel Honig im Wasserbad verflüssigen und mit 1/8 Liter Hamameliswasser in einer kleinen Flasche vermischen.
Übrigens, aufgesprungene Lippen werden wieder zart, wenn du sie öfter mit Bienenhonig betupfst!

Gesichtsmasken Gesichtsmasken sind nicht nur gut für die Haut. Es macht auch einfach Spaß, zusammen mit einer Freundin einmal ein bisschen was auszuprobieren.

- Unreine Haut klärst du mit einer Weizenmehlmaske. Dafür verrührst du zwei Esslöffel Weizenmehl mit zwei Esslöffeln Naturjogurt zu einer streichfähigen Creme und trägst sie auf Gesicht und Hals auf. Am besten mit einem Pinsel. Antrocknen lassen und nach einer halben Stunde mit viel warmem Wasser vorsichtig abreiben.
- Jogurt ist überhaupt ein Geheimtipp zur Schönheitspflege. Naturjogurt auf das saubere Gesicht auftragen und nach 30 Minuten lauwarm abwaschen. Erfrischt jeden Hauttyp.
- Mitessern kannst du mit einer Karottenmaske zu Leibe rücken. Mische ein Eiweiß, einen Teelöffel Karottensaft und zwei Esslöffel Mehl zu einer Paste, und bestreiche deine gereinigte Haut damit. Gut antrocknen lassen und dann sorgfältig lauwarm abspülen.
- Ein Würfel normale Bäckerhefe ergibt zusammen mit einem Eigelb zerdrückt und verrührt eine wirksame Maske zur Pflege trockener Haut. Nicht ganz antrocknen lassen und sorgfältig mit lauwarmem Wasser abwaschen.
- Aus einer halben zerdrückten Banane, zwei Esslöffeln Quark und zwei Esslöffeln Milch wird eine Erfrischungspackung für jeden Hauttyp. Nach 15 Minuten abspülen.
- Fettige Haut wird nach einer Pfirsichmaske samtig und zart. Du zerdrückst einen Pfirsich und mischst ihn mit dem steif geschlagenen Eiweiß von einem Ei. Eine halbe Stunde lang einwirken lassen und dann mit viel kaltem Wasser entfernen.

- Das pürierte Fruchtfleisch einer halben Avocado ergibt ebenfalls eine tolle Maske. Dreißig Minuten auf der Haut lassen und anschließend gründlich abwaschen.
- Und ein letzter Maskengeheimtipp: Quark! Zwei Esslöffel Quark, ein Esslöffel Bienenhonig und ein Esslöffel süßer Rahm gut gemischt sind Spitze für jeden Hauttyp! Eine halbe Stunde einwirken lassen und danach abspülen!

Schön mit Tee Mal ausnahmsweise nicht in der Tasse, sondern auf deiner Haut, kann Tee ein Feuerwerk von Wirkstoffen entfachen.

▶ Geschwollene Lider werden mit einer Teebeutel-kompresse aus Schwarztee gelindert. Ein gutes Hausmittel auch gegen Augenfältchen.
▶ Pfefferminztee eignet sich zur Erfrischung der fetten und unreinen Haut.
▶ Malventee mildert leichte Hautausschläge. Einen Teebeutel mit kochendem Wasser aufbrühen und ziehen lassen. Einen Esslöffel Bienenhonig darin auflösen und mit dem Tee ein sauberes Tuch tränken, das mindestens eine Viertelstunde lang auf die betroffene Stelle gelegt werden muss. Wird das Tuch trocken, mit Tee neu anfeuchten.

Dampfbäder Ein Dampfbad ist eine kleine Sauna für dein Gesicht. Du gibst ein bis zwei Hand voll getrocknete Kräuter in eine große Schüssel und gießt gut einen Liter kochendes Wasser darüber. Dann legst du ein großes Frotteetuch so über deinen Kopf, dass es rundherum ein Zelt bis über den Rand der Schüssel bildet, wenn du dein Gesicht in den Dampf neigst.

Wenn du keine trockene Haut hast, kannst du zehn bis fünfzehn Minuten in dieser Sauna bleiben, sonst nur drei Minuten. Danach trocknest du dein Gesicht mit einem Papiertuch ab und erfrischst es mit dem richtigen Ge-sichtswasser für deinen Hauttyp. Lass das Handtuch noch ein bisschen über dem Kopf, damit deine Haut nicht so schnell abkühlt.

Besonders geeignete Dampfbadzusätze:

▸ Trockene Haut: Rosenblütenblätter, Weißdorn, Fenchel, Kamille.
▸ Normale Haut: Melisse, Lindenblüten, Rosenblätter.
▸ Fette und unreine Haut: Arnika, Hamamelis, Huflattich, Johanniskraut, Kamille, Rosmarin, Schafgarbe, Zinnkraut.
▸ Mischhaut: Hamamelis, Johanniskraut, Kamille, Lindenblüten und Weißdorn.

Alle Kräutersorten bekommst du grammweise, getrocknet in Apotheken und Reformhäusern.

Kompressen Kompressen können an Stelle von Dampfbädern empfindliche Haut beleben, reinigen und pflegen. Auch für die Kompresse übergießt du zwei Hand voll Kräuter mit kochendem Wasser. Dann lässt du sie zehn Minuten ziehen. Danach durch ein Sieb in eine Schüssel abseihen. In einer zweiten Schüssel sauberes, kühles Wasser bereitstellen. Jetzt brauchst du nur noch zwei kleine Gästehandtücher. Eines tauchst du in den Kräutersud, wringst es gut aus und legst es so heiß, wie du es verträgst, auf dein Gesicht. Leg dich für fünf bis zehn Minuten entspannt auf den Rücken. Danach tauschst du das warme Tuch für fünf Minuten gegen das zweite aus, das im kühlen Wasser nass gemacht und ausgewrungen wurde. Den Wechsel dreimal wiederholen. Je empfindlicher deine Haut ist, umso weniger krass darf der Wechsel von heiß zu kalt sein. Also bei trockener Haut nur von warm zu lauwarm. Für eine Kompresse verwendest du dieselben Kräuterzusätze wie beim Dampfbad.

Öle Das Pflegegeheimnis der meisten gekauften Cremes besteht in erster Linie in den pflegenden Ölen, die sie neben einer Menge Wasser enthalten. Einige dieser Öle kannst du wesentlich preisgünstiger in der Apotheke oder einem Naturkostladen kaufen.

▸ Avocadoöl zum Beispiel. Es pflegt besonders die Augenpartie. Einfach mit den Fingerspitzen vorsichtig einklopfen und mit einem Papiertaschentuch den überschüssigen Ölfilm abtupfen.

▸ Erdnussöl zieht ein, ohne dass es Fettrückstände hinterlässt. 120 Gramm Erdnussöl mit 20 Gramm Olivenöl, in einer Flasche gut durchgeschüttelt, ergeben ein tolles Körperöl, mit dem du dich nach dem Baden von Kopf bis Fuß einreiben kannst.

▸ Eukalyptusöl gibst du tropfenweise in ein Gesichtsdampfbad oder in die Badewanne. Wirkt wunderbar bei Erkältungen und pflegt zudem unreine Haut.

▸ Süßes Mandelöl ist zur Pflege für jeden Hauttyp geeignet. Es ist aber auch gut für die Wimpern. Einfach täglich die Wimpern mit einem Spezialbürstchen oder einer weichen Kinderzahnbürste, die du in Öl getaucht hast, bürsten.

▸ Beim Olivenöl solltest du nicht zur Salatölflasche greifen. Für kosmetische Zwecke muss es geruchsfreies Öl aus der Apotheke sein. Dann kannst du es z. B. dem Badewasser zusetzen oder raue Hände damit pflegen. Olivenöl härtet auch die Fingernägel.

▸ Weizenkeimöl ist im reinen Zustand prima zum Abschminken. Ein Schuss davon im Badewasser macht deine Haut zart und weich.

Badezusätze Hundert Eselinnen mussten gemolken werden, wenn die Gemahlin des römischen Kaisers Nero ein Schönheitsbad nehmen wollte. Auch wenn unbestritten ist, dass ein solches Bad die Haut geschmeidig erhält, zum Nachmachen ist es ein wenig aufwändig. Wenn du dem Badewasser einen Liter *warme Milch* zugibst, verleiht dir das auch eine glatte, samtige Haut.

Unreine Körperhaut wird wieder rein und glatt, wenn du einen halben Liter *Obst- oder Apfelessig* ins Wasser gibst.

Ein Kamillenbad ist eine pure Wohltat für strapazierte Haut. Einfach zwei Hand voll *Kamillenblüten* in ein Leinensäckchen oder einen alten Strumpf geben, zubinden und ins heiße Wasser hängen. Auf dieselbe Weise kannst du *Rosenblüten* verwenden, das pflegt und entspannt.

Lavendel erfrischt und wirkt positiv auf unreine Haut. Ein *Rosmarinbad* regt an und erfrischt.

Dieselbe Menge getrockneter *Melissenblätter* oder frischer *Zitronenmelisse* aus dem Garten verleiht deinem Badewasser einen feinen Duft und hilft bei Migräne, Menstruationsbeschwerden und Verkrampfungen.

Nach jedem Schönheitsbad die Haut beim Abtrocknen nicht rubbeln, sondern abtupfen und mit einem Öl oder einer milden Creme pflegen. Das tut ihr gut und steigert zudem dein Wohlbefinden.

▸ **Ganz schön haarig** ... Ob du dich hübsch fühlst und mit dir selbst zufrieden bist, erkennt deine Umgebung nicht nur an deiner Haltung oder deinem Gesicht, sondern auch an deiner Frisur! Die Haare als Spiegel der Seele? Und ob! An diesen grauen Tagen, die dir die Laune verderben, hängen auch die Haare kraftlos vom Kopf oder stehen dir in alle Richtungen ab. Sie sind strähnig, spröde.

Geht es dir hingegen gut, kannst du den unmöglichsten Schopf mit einem bunten Band oder einer verrückten Klammer zu einem Ereignis stylen. Dann sieht es vielleicht verrückt, ungewöhnlich, aber sicher richtig fetzig aus.

Damit sie solche Abenteuer mitmachen können, müssen deine Haare natürlich gesund und gepflegt sein, das versteht sich. Du darfst sie so oft waschen, wie es dir angenehm ist. Verwendest du ein schonendes Shampoo, werden dabei weder Haare noch Kopfhaut geschädigt.

Gib das Shampoo am besten erst in die hohle Hand, und schäume es mit ein wenig Wasser auf. Dann lässt es sich zum Beispiel in langen Haaren besser verteilen. Gut einmassieren und danach gründlich und lange spülen, bis das Spülwasser total klar ist. Shampooreste im Haar machen es stumpf, glanzlos und schwer.

Kaltes Wasser zum Schluss ist die einfachste Glanzspülung, aber du kannst noch ein wenig mehr tun. Ein Spritzer *Apfelessig* im letzten Spülwasser macht deine Haare duftig und leicht frisierbar. Die Säure enthärtet das Wasser und entfernt so den möglichen Kalkschleier. Auch ein Schuss frischer *Zitronensaft* im Spülwasser sorgt für weiches und glänzendes Haar.

Brennnesseltee (ein Teelöffel getrocknete Blätter auf eine Tasse kochendes Wasser, abseihen nicht vergessen!) stärkt die Haarwurzeln und verhindert Schuppenbildung. Getrocknete *Weidenblätter* (genauso aufbrühen) haben dieselbe Wirkung. Beide Spülungen sind jedoch nicht für blonde Mädchen geeignet!

Blondinen dürfen sich dafür an Kamille halten! Einen Teelöffel getrocknete *Kamillenblüten* mit einer Tasse Wasser überbrühen, abkühlen und durch einen Kaffeepapierfilter seihen. Diese Spülung verleiht blondem Haar einen wunderschönen Glanz, hellt es zusätzlich auf und macht es seidig.

Hast du Ärger mit fettigem Haar und Schuppen, hilft vielleicht eine *Lindenblütenspülung* (eine Hand voll getrocknete Blüten mit 0,25 l Wasser überbrühen, abkühlen, filtern): Vorsicht beim Abtrocknen. Das Tuch auf die Haare drücken und nicht zerren oder rubbeln. Am besten wickelst du dir für ein paar Minuten ein Handtuch als Turban um den Kopf. Es saugt die Feuchtigkeit aus den Haaren und trocknet sie schon einmal vor.

Beim Auskämmen bitte ebenfalls sanft mit deinen Haaren sein. Solange die Keratinschicht, die jedes einzelne Haar wie ein Mantel umgibt, noch feucht ist, kannst du sie aufrauen und beschädigen. Saubere Kämme ohne scharfe Kanten, abgerundete Bürstenborsten, milde Föhnhitze oder schonendes Lufttrocknen haben sie am liebsten.

Mindestens einmal im Monat darfst du deinem Kopfschmuck eine Sonderbehandlung zukommen lassen. Kuren und Packungen sorgen dafür, dass dein Haar, das ja von Staub, Luft und Wind strapaziert worden ist, wieder mehr Schwung und Spannkraft bekommt. Getöntes und dauergewelltes Haar ist besonders auf diese Zusatzpflege angewiesen. Da Kuren und Packungen unter Wärmeeinfluss besonders gut wirken, lohnt es sich, eine alte Duschkappe aufzusetzen oder einen Handtuchturban um den Kopf zu wickeln.

▶ Die richtige Frisur

Traumhaare gibt es nicht! Nahezu jedes Mädchen hat etwas an seinem Haar auszusetzen. Dem einen sind die Haare zu dick, dem nächsten zu fein, dann wieder zu störrisch, zu lockig ... die Liste kann beliebig fortgesetzt werden. Du kannst deine Haare aber nicht umtauschen. Also mach das Beste draus.

Das beginnt damit, dass die richtige Frisur auch deine Gesichtsform berücksichtigen muss. Ein eher längliches Gesicht benötigt Fülle zu beiden Seiten. Es kann auch durch einen Mittelscheitel optisch verbreitert werden. Ein schmales oder birnenförmiges Gesicht sieht mit einer runden Frisur, vielleicht sogar mit Locken, gefälliger aus, und ein quadratisches Gesicht wirkt durch eine halblange Frisur, die seitlich sehr bauschig fällt, harmonischer.

Ob du nun fettiges, trockenes, feines, strapaziertes oder störrisches Haar hast, deine Frisur muss mit deinem Haar, so wie es ist, gut aussehen. Für fettiges Haar ist zum Beispiel ein pflegeleichter Kurzhaarschnitt sehr praktisch.

Haarkuren zum Selbermachen

Eine *Zitronenkur* macht dein Haar voll, glänzend und verleiht ihm einen goldenen Schimmer. Den Saft einer Zitrone mit zwei großen Eidottern und zwei Esslöffeln Weizenkeimöl mischen. In das nasse, gewaschene Haar einkneten und eine gute Stunde unter der Duschkappe einwirken lassen. Gründlich ausspülen.

Klettenwurzelöl bekommst du in der Apotheke. Es ist ein pures Nährstoffdepot für strapaziertes Haar und macht es weich, locker und gut frisierbar. Das leicht erwärmte Öl in das Haar einkneten und eine Stunde in Wärme wirken lassen. Danach wie gewohnt die Haare waschen und gut spülen.

Eidotter kräftigt das Haar, und es wird weich und glänzend. Je nach Haarlänge ein bis zwei Eidotter mit einem Esslöffel Öl (reines Oliven-, Avocado- oder Weizenkeimöl) verrühren, in das nasse Haar einarbeiten und eine Stunde gut warm halten. Danach waschen und gut ausspülen.

Weizenkeimöl ist besonders zu empfehlen, wenn du lange Haare hast und die Spitzen gespalten und trocken sind. Vor jeder Haarwäsche ein wenig Öl in die Spitzen einmassieren und 15 Minuten einwirken lassen, ehe du wie gewohnt die Haare wäschst.

 Über trockenes Haar klagen besonders Mädchen mit Naturlocken. Sie bekommen das Problem in den Griff, wenn sie kein allzu heißes Wasser zum Waschen verwenden und nur lauwarm föhnen. Lufttrocknen wäre noch besser. Regelmäßige Kuren auf Öl- oder Eibasis helfen. Dauerwellen oder Färben trocknet zusätzlich aus.

Feines Haar fällt viel zu schnell zusammen und ist oft auch schnell fettig. Wenn dir Locken gut stehen, dann ist eine Dauerwelle kein schlechter Tipp. Glatte Frisuren kleben oft am Kopf. Verwende Festiger nach dem Waschen, und bürste die Haare nach dem Trocknen gegen den Strich durch. Mützen und Hüte stehen auf der Verbotsliste. Brauchst du eine Kopfbedeckung, greife lieber zu einem Tuch oder einem Stirnband.

Falsche Pflege, Umweltschäden oder Krankheit strapazieren natürlich auch die Haare. Splissige Haarspitzen müssen abgeschnitten werden, aber danach ist es wichtig, mit mildem Shampoo, Spülungen und Packungen dafür zu sorgen, dass sich die Haare wieder erholen. Schulterlange  Haare, die ständig auf die Kleidung stoßen, sind nicht ideal! Heiße Föhnluft unbedingt meiden!

Schuppen sind ein Haut-, kein Haarproblem. Das weiße Schuppengeriesel von deinem Kopf kann verschiedene Ursachen haben. Fettige Schuppen hängen im Haar, trockene findest du auf der Kleidung. Beide sind ein Zeichen dafür, dass deine Kopfhaut zu viel Hornschuppen abstößt. Das kann besonders in der Pubertät vorübergehend der Fall sein. Bessert sich die Schuppenlage nicht, deutet das auf eine Gesundheitsstörung hin. In dem Fall hilft nur der Gang zum Arzt.

Bei Schuppen das Haar mit einem Spezialshampoo waschen. Ein Haarwasser kann das Übel eindämmen. Dauerwellen, extreme Sonnenbäder und heiße Trockenhitze sind verboten. Es ist empfehlenswert, Kämme und Bürsten täglich zu reinigen.

Das Gleiche gilt auch für Haarschmuck! Bunte Clips, Spangen, Bänder, Gummis und Tücher müssen ebenso regelmäßig gesäubert werden wie die Haare.

Haare unter der Lupe

Jedes einzelne deiner Haare besteht aus Wurzel und Schaft. Die Haarwurzel ist ein wenig schräg in die Kopfhaut eingebettet. Unter Haarschaft versteht der Biologe den Teil des Haares, der sichtbar ist.

Obwohl es so dünn ist, setzt es sich aus drei verschiedenen Schichten zusammen: aus der äußeren Hornschicht (Keratin), der Rindenschicht (verhornte Zellen, die auch die Farbpigmente enthalten) und dem inneren Mark. Je nachdem, wie dicht die Pigmente sind, bist du blond, braun oder schwarzhaarig.

Die Haarfarbe lässt auch Rückschlüsse auf Zahl und Zustand deiner Haare zu. Wusstest du, dass rothaarige Mädchen die wenigsten, aber auch die dicksten Haare haben? Mädchen mit brünettem Haar liegen in der Mitte, und wenn du blond bist, gehörst du zu den Mädchen, die zwar die meisten, aber auch die feinsten Haare haben.

Aber ganz egal, welche Farbe ein Haar haben mag, es wächst durchschnittlich einen Zentimeter pro Monat.

Da die Haare ununterbrochen wachsen, ist es völlig normal, dass du täglich Haare verlierst. Das können sogar bis zu hundert Stück am Tag sein. Ein Haar wird nämlich immer schon abgestoßen, während in der Wurzel ein neues Haar heranwächst.

▶ **Die Hände** Wohin schaust du zuerst, wenn du jemanden kennen lernst? In sein Gesicht? In die Augen? Auf die Hände? Die Figur? Die Beine?

Die Hände zum Beispiel verraten eine Menge über dich. Angeknabberte Fingernägel und eingerissene Nagelhaut machen sich schlecht, wenn du gerade temperamentvoll gestikulierst, von Trauerrändern unter den Nägeln ganz zu schweigen.

Die Hände sollen regelmäßig mit einer milden Seife unter lauwarmem Wasser gewaschen werden. Anschließend natürlich gut abtrocknen. Jeder Kontakt mit Wasser entzieht der Haut Feuchtigkeit, also ist es ratsam, die Hände nach jedem Waschen mit Handcreme zu pflegen. Massiere die Creme dabei gut in die Hände ein.

Einmal pro Woche ist Zeit für eine gründliche Maniküre. Reinige deine Hände gründlich und entferne den Schmutz unter den Nägeln mit einer Bürste oder einem Hornreiniger. Niemals Metallkratzer verwenden! Danach gönnst du ihnen ein Handbad in abgekühltem Kamillentee oder angewärmtem reinem Olivenöl. Vorsichtig mit einem Papiertuch abtupfen und die Nagelhäute mit einem Orangenholz oder Buchsbaumstäbchen zurückschieben. Nie schneiden!

Auch an deinen Fingernägeln hat die Schere nichts zu suchen! Feile das natürliche Oval des Nagels nach, und achte darauf, dass du in den Ecken die Nagelhaut nicht verletzt. Immer nur von der Nagelseite zur Nagelmitte feilen. Wenn du dir diese – anfangs ein wenig mühsame – Technik angewöhnst, wirst du feststellen, dass deine Nägel auch schöner nachwachsen.

Verwendest du Nagellack, bitte die Nägel gut waschen

und sorgfältig abtrocknen. Auf Öl oder Feuchtigkeitsresten hält kein Lack. Nie zu dick auftragen. Lieber zweimal aufpinseln und immer mit dem sorgfältig am Glasrand abgestreiften Pinselchen vom Ansatz zur Nagelspitze fahren. Eventuelle Ausrutscher auf der Nagelhaut korrigierst du mit einem Wattestäbchen, das du in Nagellackentferner getaucht hast.

Nägelkauen ist übrigens das äußere Zeichen dafür, dass du unter innerer Spannung stehst. Du fühlst dich vielleicht überfordert oder hast Angst zu versagen. Um dir das Nägelkauen abzugewöhnen, musst du dich gut beobachten.

Wann kaust du, in welchen Situationen besonders?

Langeweilekauer, die beim Lesen, Fernsehen oder Träumen knabbern, können an Stelle von Hornschnipseln lieber Karottenstückchen, ungekochte Spagetti oder Apfelschnitze knabbern. Sich das Nägelkauen in Angst- oder Stresssituationen abzugewöhnen ist schon schwieriger. Alle Entspannungstechniken aus dem Bereich der Meditation oder des autogenen Trainings können helfen.

▶ **Die Zähne** Ebenfalls ein wichtiger Blickfang. Dabei ist völlig belanglos, ob du nun gerade eine Spange trägst oder ein paar Schneidezähne nicht supergerade aussehen.

Viel bedeutsamer ist, dass du deine Zähne regelmäßig pflegst und keinen Mundgeruch hast!

Regelmäßig heißt mindestens zweimal am Tag drei Minuten lang putzen. Noch besser sogar nach jeder Mahlzeit, und immer von Rot nach Weiß. Also vom Zahnfleisch zum Zahn! Egal, welche Zahnpasta oder welches Mundwasser du verwendest, rein weiß werden deine Zähne nie, denn sie sind von Natur aus eher gelblich weiß. Bleichmittel und Schleifpasten sind also völlig umsonst.

Ein erfrischendes Pfefferminzmundwasser kannst du dir hingegen selbst mixen. Die Zutaten bekommst du in der Apotheke: Löse zwei Tropfen Pfefferminzöl in 30 Gramm reinem Alkohol auf und füge 70 Gramm destilliertes Wasser und einen Teelöffel Pfefferminztinktur hinzu. Gieße alles zusammen in eine Flasche. Ein paar Tropfen davon in lauwarmem Wasser erfrischen und desinfizieren dein Zahnfleisch und schenken dir frischen Atem.

Hast du keine Möglichkeit, nach einer Mahlzeit die Zähne zu putzen, kaue einen zuckerfreien Kaugummi. Er sorgt zumindest dafür, dass sich nicht allzu viele schädliche Stoffe in den Zahnzwischenräumen ablagern. Zweimal pro Jahr sollte auch der Zahnarzt in deinem Terminkalender stehen, dann steht einem strahlenden Lächeln, bei dem du alle Zähne zeigst, nichts mehr im Weg.

▸ Beine und Füße

Du trägst zwar bestimmt oft Jeans, aber im Schwimmbad, beim Sport und unter kurzen Röcken kommen sie doch zum Vorschein, die Beine. Schwimmen und Radfahren sind übrigens die beiden Sportarten, die dir zu schlanken Beinen und straffen Oberschenkeln verhelfen können. Achte darauf, dass du nicht nur enge Hosen und Leggings trägst. Die ständige Hautreibung und die gestaute Wärme dürfen nicht zum Dauerzustand werden, sonst rächt sich deine Haut mit Rötungen und Pickelchen.

Einmal pro Woche solltest du Füßen und Zehennägeln dieselbe Aufmerksamkeit schenken wie den Händen. Die Pediküre beginnt ebenfalls mit einer gründlichen Reinigung. Hornhaut an der Ferse kannst du mit einem Bimsstein abrubbeln, die Hornhautraspeln sind weniger gut, sie schmirgeln zu viel Haut mit ab. Auch deine Füße und Zehen mögen eine Öl- oder Crememassage. Die Nägel werden gerade und kurz mit der Schere oder dem Nagelclip gekürzt. An der Seite einen kleinen Rand stehen lassen, damit der Nagel nicht einwächst.

Willst du die Zehen lackieren, schiebe kleine Wattepads zwischen die Zehen, dann verschmiert der Lack nicht, und du kannst besser arbeiten. Beim täglichen Duschen oder Baden bitte unbedingt auch die Zehenzwischenräume abtrocknen, hier siedeln sonst gerne Fußpilzbakterien. Fußpuder, Socken aus Naturfasern und Schuhe, die genügend Luft an deine Füße lassen, sorgen dafür, dass auch Fußschweiß kein Grund zum Kummer ist.

▶ **Die Augen** Ein erster Blickkontakt entscheidet oft über Sympathie oder Antipathie. Sind deine Augen klar, glänzend und fröhlich, hast du sicher schon fast gewonnen. Die Haut rund um die Augenpartie ist besonders empfindlich, und Zusatzpflege mit Avocado oder Mandelöl (siehe Naturkosmetikrezepte) ist kein Fehler. Geschwollene Lider, Tränensäcke und überanstrengte Augen heilst du mit einer Kompresse aus einem feuchten Teebeutel (Kamille oder Schwarztee). Logisch, dass du vorher Wimperntusche oder Lidschatten entfernst. Widerspenstige Brauenhärchen werden schmiegsam, wenn man sie regelmäßig mit ein wenig Öl oder Fettcreme bürstet. Eine alte Zahnbürste leistet dabei gute Dienste. Auch Wimpern finden diesen Service prima.

Brillenschlangen gehören der Vergangenheit an. Heute gibt es eine solche Menge modischer, witziger, bunter und cooler Brillen, dass auch du sicher dein Lieblingsmodell findest. Beachte beim Brillenkauf ein paar wichtige Einzelheiten.

▸ Der obere Brillenrand sollte mit dem Brauenverlauf übereinstimmen.

▸ Ein schmales Gesicht verträgt durchaus eine breite große Brille. Ist der Brillenrand sichtlich breiter, teilt sie die Gesichtsfläche gut auf.

▸ Runde Gesichter wirken mit ovalen und rechteckigen Gläserformen attraktiver.

▸ Zu einem breitflächigen Gesicht passen gut tropfenförmige Brillengläser.

▸ Eine Stupsnase bietet wenig Halt für die Brille. Ein Gestell mit einem hohen Nasensteg rutscht auf ihr am wenigsten.

▸ Ein tief sitzender Nasensteg dagegen lässt eine lange Nase optisch kürzer wirken.

▸ Kunststoffgläser sind sehr viel leichter als Glasgläser, aber sie verkratzen viel eher.

▸ Entspiegelte Brillengläser sind vorteilhaft, aber leider eine Preisfrage. Getönte Gläser sind eigentlich nur erforderlich, wenn du viel bei künstlichem Licht arbeitest.

▸ Auch beim Brillenkauf auf die Preise achten. Es gibt preiswerte, aber trotzdem modische Brillen.

▸ Schminken – ein kleiner Anfänger-kurs

Weniger ist mehr. Wer sich nach diesem Leitsatz jeder guten Visagistin richtet, der kann eigentlich kaum etwas falsch machen. Visagisten sind Schminkkünstler. Sie betonen Vorteile, rücken kleine Nachteile in den Hintergrund und präsentieren als Endprodukt deine Schokoladenseite.

Ein Make-up kommt aber nur auf gesunder, gepflegter Haut optimal zur Wirkung. Richtig aufgetragen und auf deinen Hauttyp abgestimmt, kann es ein pflegender und schützender Mantel für dein Gesicht sein. Es verhindert, dass Staub, Abgase und schädliche Umwelteinflüsse direkt auf die ungeschützte Haut einwirken, und es deckt Pickel und Hautunreinheiten vorübergehend ab.

Verwechsle Make-up aber nicht mit einer pflegenden Creme, die in deine Haut einzieht und dort etwas bewirkt. Puder und cremeförmige Teintgrundierungen gehören zur dekorativen Kosmetik, die äußerlich wirkt, korrigiert und hervorhebt. Alle dekorativen Kosmetikprodukte müssen am Ende eines jeden Tages sorgfältig wieder entfernt werden.

Wer mit dick getuschten Wimpern und gepuderter Nase ins Bett geht, darf sich über geschwollene Augenlider und verstopfte Hautporen nicht wundern. In der Nacht regeneriert sich deine Haut. Das kann sie unter dem Staub und dem Schweiß, der sich tagsüber angesammelt hat, nur schlecht.

Zum Start eines jeden Schminkvorgangs wird die Haut gereinigt und mit einer leichten Pflegecreme vorbereitet. Danach betupfst du kleine Hautunreinheiten mit einem naturfarbenen Abdeckstift, damit sie nicht zu sehr ins

Auge fallen. Die Teintgrundierung kann anschließend aufgetragen werden. Flüssiges Make-up, das du mit einem Schwämmchen aufstreichst, bereitet einer Anfängerin am wenigsten Probleme.

Auch Puder ist für erste Make-up-Versuche geeignet. Du bekommst ihn in kompakter Form, dann wird er mit einem kleinen Schwämmchen aufgetragen, oder lose, in dem Fall benötigst du einen Pinsel. Das alte Märchen, dass Puder die Poren verstopft, ist unausrottbar, aber völlig falsch. Gerade junge Haut sieht besonders hübsch aus, wenn sie mit einem Hauch Puder mattiert wird.

Wenn du nun noch die Wimpern gut tuschst (das geht leichter, wenn du in einen Spiegel siehst, zu dem du hinaufschauen musst!) und einen zarten Lippenstift oder

ein wenig Lipgloss aufträgst, hast du ein Make-up, an dem vermutlich auch deine Eltern wenig auszusetzen haben.

Für ein betonteres Augen-Make-up benötigst du Lidschatten, den gibt es in Stift-, Puder- oder Cremeform. Er verändert oder akzentuiert die Augenform. Je kleiner die Augen sind, umso heller müssen die Farbtöne sein. Zum Auftragen schließt du das Auge und verteilst die Farbe von innen nach außen über das Lid. Mit dem sauberen Finger oder dem Applikator, der dem Produkt beiliegt, bis in die Lidfalte hinauf verteilen.

Beim so genannten Schlupflid, das beim Augenöffnen unter der Lidfalte verschwindet, ist Lidschatten weniger empfehlenswert. Weitaus vorteilhafter wirkt es, wenn man die Augen mit einem Lidstrich betont. Das ist eine feine Linie direkt am oberen Wimpernrand, die entweder mit einem speziellen Pinselchen und der dazugehörigen Flüssigkeit (Eyeliner) aufgetragen wird oder mit einem weichen Kajalstift. Fällt es dir schwer, eine solche Linie auf Anhieb zu ziehen, kannst du auch dicht an dicht kleine Farbpunkte in einer Linie über den Wimpern aufmalen, sodass es wie ein Strich wirkt.

Ein weißer oder hautfarbener Kajalstift vergrößert deine Augen und lässt sie strahlen, wenn du damit einen Strich am unteren inneren Lidrand von innen nach außen ziehst. Dunkle Kajalstifte kannst du auch dazu verwenden, die Augenbrauen nachzustrichen.

Lippenstift haftet besser, wenn du auch die Lippen grundierst oder puderst, ehe du ihn aufträgst. Profis konturieren die Form der Lippen mit einem gleichfarbigen Konturenstift und füllen dann die Lippenform mit Lippenstift aus. Nicht zu dick auftragen. Lippenstift an den Zähnen sieht hässlich aus.

Bei Lidschatten und Lippenstiften bitte immer darauf achten, ob dir die entsprechende Farbe steht.

Braunhaarige Mädchen betonen ihren Typ mit Braun-, Blau- und Grüntönen. Ihre Lippenstifte können bräunlich, rötlich oder orange sein.

Blondinen greifen zu zarteren Blau-, Grau- oder Grüntönen. Beim Lippenstift sind Rosé- oder Orangetöne immer richtig.

Mädchen mit schwarzen Haaren und dunkler Haut haben die größte Auswahl. Ihnen stehen fast alle Farben und auch die etwas blaustichigeren Rottöne.

Rothaarige Mädchen haben meistens eine sehr zarte, durchsichtige Haut, manchmal auch Sommersprossen. Beige, Braun, Graublau oder Graugrün sind als Lidschatten gut für sie. Für die Lippen bräunliches, helles Rot.

Und noch ein Tipp für Brillenträgerinnen: Kurzsichtige Augen werden durch die Gläser verkleinert. Das kannst du mit hellen Brillenfassungen und hellem Lidschatten etwas ausgleichen.

Umgekehrt sind weitsichtige Augen unter der Brille ein wenig größer, sodass du auch mit dem Make-up besser sparsam umgehst, damit keine Eulenaugen durch das Glas schauen.

Hast du gewusst, dass du in deinem Gesicht für ein einziges Lächeln 17 verschiedene Muskeln auf Trab bringst? Wenn das keine fantastische Gymnastik ist!

Mädchen, Mädchen ...

... hast du schon mal gewürdigt, was sich Jungs alles einfallen lassen, um ein Mädchen nicht einfach nur Mädchen nennen zu müssen? Das ist doch viel zu langweilig und viel zu altmodisch!

Hier eine kleine Auswahl: Baby, Biene, Braut, Girl, Häschen, Lady, Käfer, Katze, Maus, Luxusdampfer, Tante, Tussi, Junghuhn, Puppe, Junggemüse, scharfes Gerät, heißer Reifen, Supermutter, Schwester, Torte, Flamme, Sahneschnitte, Herzchen, Schnuckelchen, Gör, Mieze, Lolita, Vamp, Motte, steiler Zahn, ... alles natürlich total nett gemeint.

Wenn der Herr nicht so gut drauf ist, sagt er: Nebelkrähe, Sumpfhuhn, Geierwally, Schiffsschraube, Zicke, Horrorbraut, Hulda, Eule, Plombe, Schreckschraube, Pissnelke, Landpomeranze, Zimtzicke, Unschuld vom Lande, Trampel, Miststück, Giftspritze, Schrulle, Schnalle, Weib, Keule, Fuchtel, ...

So was kann natürlich nur von einem Macker, Macho, Scheich, Pimpf, Bosnickel, Kasper, Softi, Laschi, Chauvi, Freak, Stecher, Laumann, Bär, Knacki, Schleimer, Schlappschwanz, Pantoffelheld, Hirni, Läufer, Blödmann, Fuzzi, Sultan oder Django kommen. Einem Schizzo, der von Mädchen so viel Ahnung hat wie ein Grufti vom Anbaggern.

▸ Kleines Modelexikon

Accessoires Ein französisches Wort, das eigentlich Nebensache heißt und in der Mode das ganze Zubehör bezeichnet: Schmuck, Taschen, Gürtel, Tücher, usw.

A-Linie Bezeichnet eine bestimmte Schnittform von Kleidern, Blusen und Mänteln, die schmale Schultern und weitere Röcke haben, sodass die Silhouette einem A gleicht.

Angora Kuschelweiche Wolle, die der Angorahase liefert und die aus Preisgründen meist mit anderen Wollfasern gemischt wird.

Blazer Klassisch geschnittene Anzugjacke, die doppelt oder einreihig geknöpft wird.

Bandana Ein buntes Tuch, das du dir wie eine Piratenbraut um den Kopf bindest, sodass es flach anliegt und im Nacken geknotet werden kann.

Body Hautenges Kleidungsstück, fast wie ein Badeanzug. Bodys gibt es mit langen und kurzen Ärmeln und ärmellos. Sie werden entweder an Stelle eines T-Shirts getragen oder als Dessous.

Boots Derbe Stiefel oder knöchelhohe Schuhe.

Catsuit Ein superenger Overall, der deinen Körper wie eine zweite Haut umschließt.

Chaps Den Cowboys abgeguckt! Sie haben die Über-hosen, die man zu Jeans trägt, früher als Arbeitsschutz beim Brandzeichensetzen benötigt.

Crinkle Künstlich geknitterte Textilien, die um jedes Bügeleisen einen Bogen machen dürfen.

Dandy Früher mal ein englischer Gentleman, der es mit der Mode ein wenig übertrieb. Mit Dandy-Mode meint man heute auf edel gestylte Männerkleidung.

Dekolletee Tiefer Ausschnitt eines Kleides, von Pullis oder Blusen.

Denim Der Originaljeansstoff, den es inzwischen nicht nur in Blau (mit Indigo gefärbt), sondern auch in vielen anderen Farben gibt.

Dessous Die französische Bezeichnung für Unter-wäsche. Dessous sagt man hier meistens, wenn es um besonders schöne Einzelteile geht.

Five-O-One (501) Keine geheime Telefonnummer, son-dern eine ganz besonders bekannte Jeans von Levis, die zum Modeklassiker wurde.

Gilet Die ärmellose Weste trugen früher nur Herren un-ter dem Anzug, inzwischen hat sie sich den weiblichen Kleiderschrank erobert.

Gore-Tex Ein Stoff, der von außen keinen Wind und

kein Wasser durchlässt, aber den Temperaturausgleich von drinnen nach draußen erlaubt.

Haute Couture Französische Bezeichnung für die elegante Schneiderkunst, deren Designer (z. B. Lagerfeld oder Lacroix) für jede Saison mit großen Modeschauen den Modetrend bestimmen.

Hotpants Extrem kurze Hosen aus den siebziger Jahren.

Legging Knallenge Hose, meistens aus elastischem Material, die das Bein bis zum Knöchel umschließt.

Lurex Gold- oder silberschimmerndes Material.

Marinelook Moderichtung, die sich in Farbgebung und Stil an Marineuniformen orientiert.

Millefleurs Stoffmuster mit sehr kleinen, üppigen Blümchen.

Mohair Langhaarige Kuschelwolle, die aus den Haaren der Angoraziege gewonnen wird.

Multicolor Vielfarbig.

Nappaleder Besonders weiches, waschbares Leder, das sich gut zu Kleidungsstücken verarbeiten lässt. Wird vor allem aus Schaf- und Ziegenfellen hergestellt.

Outfit Die englische Bezeichnung für alles, was du anhast.

Overall Einteiliger Anzug, der ursprünglich von Fliegern und Soldaten getragen wurde.

Plaid Ein großes buntes Tuch, das du an Stelle eines Mantels oder einer Jacke trägst.

Plateausohlen Mehrere Zentimeter dicke Sohlen unter Schuhen, die in den siebziger Jahren zum ersten Mal ein Modehit waren.

Plissee In winzige Längsfalten gelegter Stoff.

Reiterhose Sportliche Hose, die an Oberschenkeln und Hüfte weit ist und ab dem Knie eng anliegt.

Rivet Fachausdruck für die Nieten aus Kupfer oder Metall, die bei der Herstellung von Jeans verwendet werden.

Shorts Kurze Hosen.

Swinger Mantel oder Jacke mit schmalen Schultern, die sich nach unten glockig weitet.

Styling Wer sich mit seinem Outfit Mühe gibt, stylt seine äußere Erscheinung. Die Stylistin zum Beispiel ist eine wichtige Person bei Mode- und Kosmetikaufnahmen.

Stonewashed Jeans, die zusammen mit Bimsstein gewaschen wurden und dadurch unregelmäßig verwaschen sind.

Twinset Bezeichnung für einen Pulli und eine Strickjacke aus dem gleichen Material und in derselben Farbe.

Uniformlook Moderichtung, die sich an der Uniformmode orientiert.

Unisex Vereinfachte Konfektionsgröße, die keinen Unterschied zwischen Mann und Frau macht. Es gibt nur noch S (small/klein), M (medium/mittel), L (large/groß) und XL (extra large/besonders groß).

Volant Üppige Stoffrüschen an Saum, Ärmel oder Ausschnitt.

Zigarettenform Sehr schmal geschnittene Hosen.

Zipper Englisch für Reißverschluss.

▸▸ Schule und Beruf

Schule und Beruf ▸▸ Schule und Beruf ▸▸ Schule und Beruf

Schule und Beruf ▸▸ Schule und Beruf ▸▸ Schule und Beruf

Schule und Beruf ▸▸ Schule und Beruf ▸▸ Schule und Beruf

Schule und Beruf ▸▸ Schule und Beruf ▸▸ Schule und Beruf

Schule und Beruf ▸▸ Schule und Beruf ▸▸ Schule und Beruf

Schule und Beruf ▸▸ Schule und Beruf ▸▸ Schule und Beruf

Schule und Beruf ▸▸ Schule und Beruf ▸▸ Schule und Beruf

Schule und Beruf ▸▸ Schule und Beruf ▸▸ Schule und Beruf

Schule und Beruf ▸▸ Schule und Beruf ▸▸ Schule und Beruf

Schule und Beruf ▸▸ Schule und Beruf ▸▸ Schule und Beruf

▶ **Ich bin die Neue** Irgendwann trifft es jeden von uns einmal. Ein Umzug, ein Schulwechsel oder der Beginn des Berufslebens stellt alles auf den Kopf. Am ersten Tag bist du die Neue! Du kommst dir vor wie das berühmte Kalb mit den zwei Köpfen und hast Angst, dass alle dich mit der Lupe betrachten, dass du gleich zu Anfang alles Mögliche falsch machst und dass die anderen dich ablehnen könnten. Hier ein paar Tipps, die es eventuell leichter machen, sich in der neuen Umgebung mit den fremden Menschen anzufreunden.

Folgendes solltest du unbedingt vermeiden:

▶ Einen übertriebenen Griff in den Schminkkasten, der dich älter wirken lassen soll.

▶ Darauf zu warten, dass die neuen Schulkameraden und Arbeitskollegen auf dich zukommen.

▶ Dich bei Lehrern und Vorgesetzten einzuschleimen.

▶ Mit dem, was du bisher getan und geleistet hast, so richtig anzugeben.

▶ Dich mit Witzen und albernen Streichen in den Vordergrund zu spielen. Klassenclowns nimmt auf die Dauer kein Mensch ernst.

▶ Deine Aufmerksamkeit nur auf die wichtigen Leute zu konzentrieren. Zum Beispiel Klassensprecher, Vertrauensschüler, Abteilungsleiter und ältere Azubis.

▶ Übertriebene Schilderungen deiner bisherigen Schule oder des alten Arbeitsplatzes zu geben.

▶ Alles, was neu und unbekannt für dich ist, erst einmal zu kritisieren. Besserwisser sind nirgendwo beliebt.

So lebst du dich in deiner neuen Umgebung am schnellsten ein:

- Geh schon ein wenig früher, als du musst, in die neue Schule, zum neuen Betrieb. Wer schon geraume Zeit vor Schul- und Arbeitsbeginn da ist, kann sich in Ruhe umschauen und besser auf das vorbereiten, was auf ihn zukommt.
- Gib ruhig zu, dass alles neu für dich ist, dass dir die Umstellung ein wenig schwer fällt und dass du vielleicht sogar Heimweh hast.
- Die ersten Kontakte knüpfst du am besten mit ganz normalen, sachlichen Fragen.
- Achte darauf, dass du zwar auch das eine oder andere von dir erzählst, aber nicht ausschließlich nur über dich redest. Das nervt nämlich.
- Warte etwas ab, ehe du dich in eine neue Freundschaft stürzt. In der ersten Begeisterung täuscht man sich leicht in anderen Menschen. Am Anfang ist es besser, wenn du nach allen Seiten offen bleibst und dich nicht gleich von jemandem total in Beschlag nehmen lässt.
- Beweise deine Hilfsbereitschaft.
- Schließ dich nicht von Aktivitäten und Feiern aus, auch wenn du keinen Nerv dafür hast.
  Sonst könnte es leicht sein, dass man dich später gar nicht mehr einlädt, weil du ja ständig abgelehnt hast.
- Sei nicht zu stolz, andere um Hilfe zu bitten.
  Das gilt sowohl für die Schule als auch für den Beruf. Du bist neu, du hast ein Recht auf Erklärung und

Hilfe, du brauchst dich nicht zu schämen, wenn du anfangs einige Umstellungsschwierigkeiten hast.

▸ Nach Schulschluss und Feierabend solltest du nicht immer im Blitzstart auf und davon laufen.
Ein paar Minuten Zeit für ein Gespräch mit den anderen – das macht einen guten Eindruck und zeigt, dass du dir Mühe gibst.

Umweltschutz in der Schultasche

Wenn möglich, mit Bleistift schreiben!

Einwegstifte: Faserschreiber, Tintenkulis etc. sind out!

Nur wasserlösliche Tinte ohne zusätzliche Lösungsmittel kaufen!

Keine Plastiktintenpatronen verwenden, lieber einmal in einen nachfüllbaren Tintenfüller investieren.

Füllhalter mit Metallschaft benützen. Sie halten länger, und man bekommt Ersatzteile, falls mal etwas kaputtgeht.

Radiergummis aus natürlichem Gummi und nicht aus PVC-Kunststoff kaufen.

Spitzer aus Holz und Metall halten länger als jene aus Plastik. Stumpfe Messer können ausgewechselt werden, ohne dass der ganze Spitzer weggeworfen werden muss.

Verzichte auf Heftumschläge aus Kunststoff.

Verlangt die Schule einen Umschlag, binde die Hefte in gebrauchtes Geschenkpapier ein. Pausenbrote gehören in eine wiederverwertbare Brotzeitdose! Alufolie, Plastikbeutel müssen nicht sein!

Extra verpackte Säfte und Getränkedosen stehen auf der Verbotsliste! Nimm dir Tee oder Saft in einer Trinkflasche mit in die Schule! Federmäppchen, Schultaschen und Rucksäcke aus Leder halten länger und belasten die Umwelt bei der Herstellung weniger als Plastik.

▶ Psychotest: Bist du beliebt?

Gehörst du zu den Mädchen, an die sich in der Klasse alle wenden, wenn es etwas zu organisieren oder zu besprechen gibt? Oder spielst du eher das Mauerblümchen? Teste dich selbst, und du wirst sehen, wie du auf deine Klassenkameraden wirkst.

1 *Die erste Schulstunde fällt aus. Was machst du mit der freien Zeit?*

ⓐ Ich vertreibe mir die 45 Minuten mit meinen Klassenkameraden.

ⓑ Ich setze mich irgendwo in eine Ecke und pauke mein schwächstes Fach nach.

ⓒ Ich nütze die Zeit, um einen Spaziergang zu machen.

2 *Seit wann trägst du die Frisur, die du im Augenblick hast?*

ⓐ Ewige Zeiten schon.

ⓑ Nur heute. Ich experimentiere oft mit meinem Aussehen herum.

ⓒ So zwei bis drei Monate.

3 *Ein paar aus eurer Klasse beschließen, ein neues japanisches Restaurant zu testen. Was sagst du, wenn sie dich bitten mitzukommen?*

ⓐ Nein danke, vielleicht schmeckt's mir ja gar nicht.

ⓑ Könnt ihr mir das Restaurant auch wirklich empfehlen?

ⓒ Prima, japanisches Essen wollte ich immer schon mal probieren.

4 *Das Wochenende war nicht nur langweilig, sondern es hat auch jede Menge Familienknatsch gegeben. Was erzählst du am Montagmorgen in der Schule?*

a Dass das Wochenende dieses Mal bei euch ziemlich durchwachsen war?

b Dass dir die liebe Familie im Moment total auf den Keks geht?

c Dass deinem Vater mitten in einer wütenden Standpauke die Hose geplatzt ist und ihr euch vor Lachen gekringelt habt?

5 *Eure Klasse engagiert sich für das UNICEF-Kinderhilfswerk. Für den organisierten Basar werden noch dringend Helfer gebraucht. Meldest du dich?*

a Und ob! Für eine gute Sache sollte man sich unbedingt auch einsetzen!

b Ich würde wirklich gerne mitmachen, aber ich bin von Töpferkurs bis Jazztanz zeitlich total belegt.

c Solche Sachen arten doch meistens in eine Menge Arbeit aus. Dazu habe ich keine Lust.

6 *Du bist in einen Jungen aus der Klasse verliebt, der sich endlich ein Herz nimmt und dich einlädt. Als er dich fragt, was ihr unternehmen wollt, antwortest du:*

a Das ist mir total egal.

b Ich würde gern ins Kino gehen.

c Lass uns doch in die Disco gehen.

7 In eure Klasse kommt ein Neuer, der dir gefällt. Wie stellst du es an, dass du mit ihm ins Gespräch kommst?

ⓐ Ich versuche, ihn in dem Fach etwas zu fragen, von dem ich glaube, dass es seine Stärke ist.

ⓑ Ich erzähle ihm einfach, wer ich bin und was ich am liebsten mache.

ⓒ Ich teste mit einem Witz, ob er Humor hat. Dann ergibt sich schon ein Gespräch.

8 Hättest du den Mut, als Austauschschülerin im Ausland an eine fremde Schule zu gehen?

ⓐ Das müsste ich mir erst in aller Ruhe überlegen.

ⓑ Keine Frage. Wann soll's losgehen?

ⓒ Ich bin schon daheim so im Stress, dass das nie infrage käme.

9 In Gemeinschaftskunde wird heftig über Schwangerschaftsabbruch diskutiert. Deine beste Freundin ist völlig anderer Meinung als du. Wie verhältst du dich?

ⓐ Ich halte meinen Mund. Ich möchte nicht, dass wir uns vor den anderen streiten.

ⓑ Ich vertrete klar meinen Standpunkt. Auch Freunde müssen nicht in allem einer Meinung sein.

ⓒ Ich versuche, zwischen ihrer Linie und meinem Standpunkt einen Kompromiss zu finden.

10 Du möchtest dir für eine Party ein Teil kaufen, das ein Paar normale Jeans ein wenig aufpeppt. Wofür wirst du dich entscheiden?

ⓐ Für eine eher schlichte, zweckmäßige Bluse, die ich auch zu anderen Gelegenheiten gut tragen kann.

ⓑ Für ein ausgeflipptes Top, das über und über mit Pailletten bestickt ist. Ein totaler Blickfang.

ⓒ Für einen klassischen Pulli, der zwar ein wenig teurer ist, der aber garantiert auch im nächsten Jahr noch modern ist.

Schau nach, wie viele Punkte du für die einzelnen Antworten bekommen hast, und zähle sie zusammen.

Punkte						
1	*a*	1	*b*	3	*c*	2
2	*a*	3	*b*	1	*c*	2
3	*a*	3	*b*	2	*c*	1
4	*a*	2	*b*	3	*c*	1
5	*a*	1	*b*	2	*c*	3
6	*a*	3	*b*	2	*c*	1
7	*a*	2	*b*	3	*c*	1
8	*a*	2	*b*	1	*c*	3
9	*a*	3	*b*	1	*c*	2
10	*a*	3	*b*	1	*c*	2

10 bis 16 Punkte Vermutlich bist du sowieso Klassensprecherin, oder zumindest führst du das Klassenbuch und organisierst Ausflüge oder Feten. Es fällt schwer, deinem Unternehmungsgeist zu widerstehen. Du bist so fröhlich, aktiv und offen, dass du alle anderen damit ansteckst. Du lässt nicht zu, dass jemand den Kopf hängen lässt, und Pessimismus ist ein Fremdwort für dich.

Klar, dass du bei allen beliebt bist und keine Probleme hast, die anderen für dich einzunehmen. Du musst nur aufpassen, dass du schüchterne Gemüter mit deiner Tatkraft nicht unterbutterst, dann ist alles okay.

17 bis 23 Punkte Es wird höchste Zeit, dass du Schluss damit machst, die anderen für dich bestimmen und handeln zu lassen. So unauffällig, wie du dich in der Menge versteckst, ist es kein Wunder, dass du von den anderen oft übergangen wirst. Auch wenn es Aufregung und manchmal Arbeit verursacht, ein wenig mehr Schwung und Eigeninitiative musst du schon entwickeln. Du bist doch kein Mauerblümchen. Also überwinde deine Trägheit, und geh ein bisschen mehr aus dir raus!

24 bis 30 Punkte Hand aufs Herz, macht es dir Spaß, die Außenseiterin zu spielen, oder ist diese coole Nummer nur ein Schutzschild, hinter dem du dich vor den anderen versteckst? Sie lassen dich links liegen, und du tust so, als würde dich ihre Meinung ohnehin nicht interessieren. Im Grunde würdest du ja gerne bei ihren Aktionen mitmachen, aber du hast Angst, nicht so recht akzeptiert zu werden. Diese Furcht ist verständlich, aber deine Verweigerungstaktik bugsiert dich mit jedem Tag mehr ins Abseits. Riskiere es, das tägliche Einerlei zu durchbrechen und Aufgaben in der Gemeinschaft zu übernehmen. Sogar wenn das eine oder andere schief geht, das Gefühl, dazuzugehören und mitreden zu können, entschädigt für eine Menge Ärger.

Penne?

Sprachwissenschaftler entlarven die Penne als jiddisch-lateinisches Zwitterwort. Vater ist das jiddische *Pinnah*, das so viel wie Herberge, Nachtquartier oder einfach Ecke bedeutet. Mutter ist die *penna*, die lateinische Schreibfeder. Schon genervte Studenten des 18. Jahrhunderts brachten den Begriff Penne für die Schule auf, und bis zum heutigen Tag geht diese ehrenwerte Bildungsanstalt ihren geplagten Besuchern manchmal echt auf den Hauptnerv.

Mathe für Spezialisten

Addiere:
4 Polizisten
5 Rasierklingen
3 Kommunisten
1 Zahnarzt und 1 Vegetarier

Du weißt nicht, wie das gehen soll? Ganz einfach:
1 Polizist gibt Acht – 4 Polizisten ergeben 32!
5 Rasierklingen schneiden messerscharf ab,
bleiben also nur noch 27 übrig.
3 Kommunisten wollen alles teilen untereinander,
bleiben 9.
1 Zahnarzt zieht die Wurzel, das ergibt 3.
1 Vegetarier tut das, was Vegetarier immer tun, er isst die Wurzel, also ist das Endergebnis eine Null!

▶ Verliebt in den Lehrer

Von einer Schulstunde zur anderen ist Corinnas Welt aus den Fugen geraten. Die Tür des Klassenzimmers ging auf, und der neue Musiklehrer kam herein. Wahnsinnig jung, wahnsinnig nett, mit den unwahrscheinlichsten blauen Augen, von denen Corinna denkt, dass sie viel öfter auf ihr als auf allen anderen Mädchen der Klasse ruhen. Sie ist verliebt, rettungslos verloren und total in ihre Träume versponnen. Corinna verziert alle Hefte mit seinen Initialen, malt Herzchen zwischen die Notenzeilen und ist todunglücklich, wenn eine Musikstunde ausfällt. Ihre Schwärmerei geht so weit, dass sie sich Möglichkeiten überlegt, wo sie ihren Schwarm vielleicht noch zufällig treffen könnte.

Sie hat sogar einen Brief an ihre Lieblingszeitschrift geschrieben, um sich dort Rat zu holen, wie sie am besten seine Aufmerksamkeit auf sich ziehen könnte.

Die Antwort, die sie tatsächlich nach einiger Zeit bekommt, ärgert sie erst einmal gewaltig. Die junge Psychologin, die auf dem Bild so sympathisch aussah, rät ihr nämlich unverblümt, sich den Lehrer aus dem Kopf zu schlagen. Obwohl sie Corinna zugesteht, dass man auch mit zwölf ganz schrecklich verliebt sein kann, macht sie ihr nicht einen Funken Hoffnung auf ein Happyend.

Als Fachfrau hat sie nämlich durchschaut, dass Corinna dem psychologischen Phänomen der selektiven Wahrnehmung auf den Leim gegangen ist. Ihr Musiklehrer lächelt jeder Schülerin zu und hat für jede ein lobendes Wort. Aber Corinna nimmt nur auf, was sie selbst betrifft. Sie wünscht sich, im Mittelpunkt seiner Aufmerksamkeit zu stehen, und deswegen glaubt sie, in jeder Geste einen Hinweis darauf zu finden, dass er sie bevorzugt behandelt.

„Liebe ist immer etwas Wunderschönes und Kostbares, egal, für wen man sie empfindet", heißt es in dem Brief weiter. „Aber eine Liebe, wie du sie fühlst, musst du für dich behalten. Wenn du deinen Lehrer mit deinen Gefühlen konfrontierst, bringst du ihn in eine echte Klemme. Er wird dich mit schroffer Ablehnung nicht kränken wollen, muss aber gleichzeitig nach einem Weg suchen, dir unmissverständlich

klar zu machen, dass eine Liebesbeziehung mit einer Schülerin für ihn ausgeschlossen ist. Die Folge davon wird sein, dass er sich sehr deutlich von dir distanziert, dir vermutlich sogar aus dem Weg geht."

Besonders der letzte Satz bestätigt, was Corinna in den vergangenen beiden Stunden auch aufgefallen ist. Ihr großer Schwarm ruft sie kaum auf, wenn sie sich meldet, und sobald sie sich ein Herz nimmt und ihm nach dem Unterricht irgendwelche Fragen stellt, ist er stets in Eile und hat kaum Zeit zu antworten.

Eine so schwärmerische und bewundernde Liebe wie Corinnas ist wie ein Probedurchlauf in Sachen Liebe. Sie wird erwachsen und beginnt, sich nach einem Partner umzusehen, der zu ihr passt. Anfangs ist das ein Ideal-bild, ein Star, ein Lehrer, ein Sportler, meistens jedoch ein erwachsener Mann, mit dem sie, würde sie ihn wirklich näher kennen lernen, eigentlich gar nichts anfangen könnte. Der Altersunterschied ist zu groß, die Interessen und Erfahrungen sind zu verschieden.

Da Corinna ihren Musiklehrer nie allein sprechen kann und eigentlich auch nicht den Mut dazu hat, eine solche Gelegenheit zu suchen, flüchtet sie sich enttäuscht in ihre Träume.

Die glatte Fünf, die sie in der folgenden Musikarbeit schreibt, bringt sie unsanft auf den Boden der Tatsachen zurück. Jemand, der so wenig Verständnis für ihre vorübergehende Leistungsschwäche hat, kann eigentlich keine besondere Vorliebe für sie empfinden ...

Außerdem hat der Bruder ihrer besten Freundin in diesen Tagen seine Bundeswehrausbildung abgeschlossen und ist wieder nach Hause gekommen. Und sie täuscht sich bestimmt nicht, wenn sie bemerkt, dass er sie auf eine ganz besonders nette Weise anlächelt, wenn sie ihre Freundin besucht ...

Liebe oder Unzucht mit Abhängigen?

Da ihm seine Schüler vom Staat und von den Eltern anvertraut worden sind, hat jeder Lehrer ihnen gegenüber eine ganz besondere Verantwortung. Hinzu kommt, dass das Jugendschutzgesetz ganz klar sagt: Bis zum Alter von 16 Jahren ist jeder sexuelle Kontakt mit Jugendlichen grundsätzlich verboten. Zwischen 16 und 18 Jahren gesteht der Gesetzgeber Jugendlichen dann eine sexuelle Mündigkeit zu. Das heißt, sie können selbst entscheiden, ob und mit wem sie eine sexuelle Beziehung eingehen wollen.

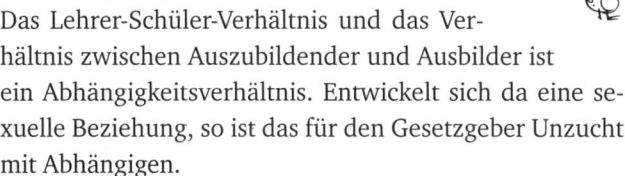

Das Lehrer-Schüler-Verhältnis und das Verhältnis zwischen Auszubildender und Ausbilder ist ein Abhängigkeitsverhältnis. Entwickelt sich da eine sexuelle Beziehung, so ist das für den Gesetzgeber Unzucht mit Abhängigen.

Wird die Lovestory entdeckt, droht einem Lehrer oder Ausbilder eine Strafe, die bei Lehrern vom Disziplinarverfahren bis hin zum völligen Unterrichtsverbot reichen kann, je nach den genauen Umständen.

Auch wenn die Schülerin bereits 18 Jahre alt ist, muss zunächst der Tatbestand der sexuellen Nötigung ausgeschlossen werden. Eine echte Beziehung zwischen einer älteren Schülerin/Auszubildenden und einem Lehrer/Ausbilder hat nur dann Chancen, wenn einer von ihnen die Schule oder den Arbeitsplatz wechselt.

▸ Der totale Horror: Hausaufgaben!

Kaum jemand macht gerne Hausaufgaben. Zwischen Frust und Verweigerung hin- und hergerissen, bleibt nur die Möglichkeit, die ungeliebte Maloche wenigstens Kräfte und Zeit sparend zu organisieren. Folgende Tricks können dir dabei helfen:

Aktiv lernen Das beginnt schon in der Schule. Wer aufmerksam zuhört, mitdenkt, bei Unklarheiten sofort fragt und kritisiert, hat auch daheim die Nase vorne.

Rezeptiv lernen Einfach nur den Lehrer reden zu lassen und seine Informationen wiederzukäuen ist langweilig, dabei muss man unkonzentriert und unaufmerksam werden.

Der richtige Arbeitsplatz daheim Der Arbeitsplatz muss groß genug, bequem und gut beleuchtet sein. Bei schummrigem Licht ermüdest du leichter. Unregelmäßiger Lärm wird ausgesperrt. Ein regelmäßiges, neutrales Geräusch kann sogar konzentrationsfördernd sein. Schreibzeug muss geordnet in Griffweite liegen, und eine Pinnwand über dem Arbeitsplatz entlastet deinen Kopf von Planungseinzelheiten.

Gewöhne dich an eine feste Arbeitszeit Feste Arbeitszeiten erleichtern es dir, deinen persönlichen Lernrhythmus zu finden. Lernzeiten sind reine Gewöhnungssache. Wichtig ist auch, dass du nach Schule und Mittagessen mindestens eineinhalb Stunden Pause machst. Nach dem Essen wird das Gehirn für eine Weile nicht ausreichend durchblutet. Einmal festgelegte Lernzeiten solltest du ganz unbedingt regelmäßig einhalten. Das ist keine doofe Pedanterie, sondern ein Wiederholungsreiz, der deine innere Bereitschaft zum Lernen zusätzlich positiv beeinflusst.

Regelmäßige Kurzpausen Zwei bis drei Minuten Pause nach jeweils einer Viertelstunde konzentrierter Arbeit erhöhen deine Leistungsfähigkeit. Lass dich in diesen Pausen aber nicht zu sehr ablenken. Wer zwei Stunden am Stück gepaukt hat, muss mindestens dreißig Minuten Verschnaufpause einlegen, ehe er wieder volle Leistung bringen kann.

Nie mit Wut im Bauch lernen Es ist wesentlich besser, du reagierst den angestauten Schulfrust in der Mittagspause ab, indem du herzhaft schimpfst oder alles haarklein jemandem erzählst. Aggressionen gegen Lehrer oder Fächer beeinträchtigen den Lernerfolg. Also erst einmal tief durchatmen, damit du in ausgeglichener Stimmung starten kannst.

Der Einstieg Beginne dein Lernpensum am besten mit einer leichten Aufgabe oder mit deinem Lieblingsfach. Danach solltest du sofort das Unangenehmste in Angriff nehmen. Nicht gleich mit dem Schwierigsten anfangen, aber diesen Brocken auch nicht vor dir herschieben.

Veränderung hält den Kopf fit Wechsle regelmäßig zwischen mündlichen und schriftlichen Aufgaben. Lass das Mündliche nie ausfallen, weil du es für unwichtig hältst. Wenn du abends und vielleicht noch morgens den Stoff mündlich wiederholst, aktivierst du dein Langzeitgedächtnis, und alles bleibt viel besser hängen.

Nie zu viel auf einmal pauken Sonst streikt dein Gedächtnis. Lieber die Pausen einhalten und auch vor einer anstehenden Prüfung rechtzeitig mit dem Lernen aufhören.

Lernplanung Das erleichtert den Überblick über anstehende Aufgaben. Notiere die Aufgabe für jedes Fach getrennt auf einem Zettel. Die Notizen ordnest du an der Pinnwand so, dass du mit einer leichten Aufgabe beginnst, dann kommt die schwerste. Achte insgesamt auf einen Wechsel zwischen mündlichen und schriftlichen, sprachlichen und naturwissenschaftlichen Aufgaben. Bei dieser Planung musst du dich nicht mehr sorgen, etwas vergessen zu haben.

Klassenarbeiten, Referate oder Prüfungen Darauf musst du dich natürlich langfristig vorbereiten. Erst kurz vor dem Termin anzufangen zu pauken ist Unsinn. Dein Gehirn fasst gar nicht so viel auf einmal, und du machst dich nur verrückt. Also verteile die anfallende Arbeit von Anfang an ganz gleichmäßig. Pro Tag fünf Minuten sind nicht sehr viel, schaffen aber ein beruhigendes Polster für bevorstehende Prüfungen.

Fremdsprachen Fremdsprachen werden nicht zum Problem, wenn du deine Hausaufgaben in drei Schwerpunkte gliederst. In Teil eins wiederholst du unregelmäßige Verben, ein Grammatikkapitel oder eine Seite Vokabeln. Formen, die du oft vergisst, und Wörter, die dir immer wieder entfallen, schreibst du in ein Stichwortheft oder auf Karteikarten. Teil zwei ist der letzten Stunde gewidmet. Wiederhole mündlich, was du gelernt und geübt hast. Kontrolliere die Hausaufgaben gründlich, und gehe möglichen Fehlern noch einmal nach. Lies den aktuellen Lektionstext laut durch. Teil drei umfasst dann die mündliche oder schriftliche Hausaufgabe. Am Ende unbedingt alles noch einmal nach Flüchtigkeitsfehlern durchlesen. Neue Vokabeln nach dem Abendessen noch einmal wiederholen und eventuell sogar morgens vor der Schule schnell noch einmal durchlesen.

Gib jedem Lernstoff seine Chance Natürlich hast du Lieblingsfächer und solche, die du nicht ausstehen kannst. Dich auf die Letzteren zu konzentrieren fällt dir wahrscheinlich ganz besonders schwer. Das ist verständlich. Aussicht auf Erfolg auch in diesen Fächern hast du freilich nur, wenn du ab sofort den Satz „Das interessiert mich nicht!" nie wieder auf den Lippen führst.

▶ Die große Angst vor dem Versagen

Sicher kennst du den Teufelskreis: Du hast gepaukt wie eine Wilde, dich auf die Klassenarbeit, die Prüfung, den Leistungstest nach besten Kräften vorbereitet, und dann ist plötzlich dieses große schwarze Loch in deinem Kopf. Totales Nichts! Der Schweiß bricht dir aus, dein Herz rast, und dein Magen stülpt sich nach außen. Ergebnis: Dein Verstand ist blockiert, und nicht einmal die einfachsten Dinge wollen dir mehr einfallen.

Einmal mehr sind die Hormone schuld. Die Angst veranlasst dein Zwischenhirn, Alarm zu geben, und dieser Alarm saust blitzschnell durch die Nerven zur Nebenniere. Dort werden mit einem Schlag Stresshormone an den Kreislauf abgegeben, und der reagiert sofort. Dein Körper versucht mit steigendem Blutdruck und schneller schlagendem Herzen, Höchstleistung zu bringen.

Genau dadurch entsteht aber auch diese Blockade. Sobald der Stress nachlässt, kannst du wieder denken, und wenn die Prüfung vorbei ist, fällt dir alles ein, was vorher wie weggeblasen war.

Was tun? Deine Hormonproduktion zu beeinflussen ist unmöglich, und Prüfungs- und Stresssituationen zu vermeiden ist so gut wie aussichtslos. Auch wenn du dir sagst, dass dein Leben nicht von dieser Note abhängt, wenn's drauf ankommt, stehst du doch unter Druck.

Um trotzdem ohne Panik dein Bestes zu geben, ist es am besten, wenn du die Sache systematisch angehst. Dazu sind folgende Punkte wichtig:

▶ Keine Diskussionen, dummen Witze oder letztes hastiges Lernen vor Beginn der Klassenarbeit.

Bereite dich lieber innerlich schon einmal auf die Prüfung vor.

▸ Kümmere dich sofort um die Aufgaben, und interessiere dich nicht dafür, ob die anderen das gleiche entsetzte Gesicht machen wie du. Wenn du dich so vorbereitet hast, wie es in unseren Lerntipps steht, wirst du es auch schaffen.

▸ Aufgabenblätter mehrmals durchlesen. Ist dir irgendetwas schleierhaft an einer Formulierung oder Aufgabe, dann frage nach! Dumme Fragen gibt es nicht!

- Teile dir deine Zeit ein, und beginne vielleicht mit einer Aufgabe, die du genau begriffen hast und problemlos bearbeiten kannst. Ein solcher Erfolg macht Mut.
- Steckst du mitten in der Arbeit und kapierst nicht, wie es weitergehen soll – Ruhe bewahren! Das Ganze von vorne durchlesen. Hast du die Aufgabenstellung verstanden? Vielleicht hast du einen Nebensatz überlesen. Nur keine Panik, dass Schwierigkeiten dabei sein werden, hast du ja gewusst!
- Hängst du jedoch total fest, ist es ein Fehler, sich an dieser Aufgabe festzubeißen. Lieber keine Zeit verlieren und zur nächsten Aufgabe übergehen. Vielleicht fällt dir ja danach ein, wie es weitergehen könnte.
- Lange schriftliche Prüfungen stehst du besser durch, wenn du ab und zu eine kleine einminütige Pause einlegst. Füller zur Seite, Augen schließen und ganz tief und bewusst durchatmen. Stell dir vor, deine Lungen sind ein Ballon, den du erst voll pustest und dann völlig auspresst. Das hilft zum einen beim Durchbluten des Gehirns, und zum anderen entspannt es dich. Pausen wie diese sind besonders wichtig, wenn du nicht weiterweißt oder sogar unter Zeitdruck stehst. Diese sechzig Sekunden schaden deinem Zeitlimit nicht, und sie können Wunder wirken.
- Übrigens, Spickzettel zu schreiben ist eine gute Idee. Du musst dabei die Informationen so kurz und prägnant formulieren, dass du das, was auf dem Spickzettel steht, bestimmt am besten weißt.

Wahrscheinlich musst du ihn am Ende gar nicht mehr benutzen.

‣ Vor der Prüfung hilft oft auch ein Gespräch mit dem Lehrer. Frage ihn, was du seiner Meinung nach besonders lernen solltest und wo er deine Schwachpunkte sieht. Manchmal täuscht man sich und setzt beim Lernen die falschen Schwerpunkte.

‣ Bekommst du bei Referaten vor der Klasse die Zähne nicht auseinander, übe den Auftritt im Familienkreis oder vor Freunden. In der Klasse suchst du dir dann eine Mitschülerin, mit der du dich besonders gut verstehst. Schau sie an, und stell dir vor, du würdest allein ihr dieses Referat halten.

‣ Entspannungsübungen und autogenes Training wären eine weitere Möglichkeit, die blockierende Aufregung in den Griff zu bekommen. Die positive Selbstkontrolle, die du mit der Zeit dabei erlangst, wirkt sich auch vorteilhaft auf dein Allgemeinbefinden aus. Entsprechende Kurse kannst du zum Beispiel an der Volkshochschule belegen.

‣ Hände weg von Aufputschmitteln und Beruhigungspillen! Sie ruinieren deine Gesundheit, ohne dir wirklich weiterzuhelfen.

▶ Klassensprecher: Ehre oder Frust?

Klassensprecherwahl. Wer stellt sich als Kandidat zur Verfügung? Je nach Klasse wird eine solche Wahl als Tagesordnungspunkt abgehakt oder zum Stimmungsbarometer hochstilisiert. Das eine wertet das Amt des Klassensprechers ab, und das andere setzt völlig falsche Schwerpunkte.

Grundsätzlich haben alle Schüler das Recht, in der Schule mitzubestimmen. Die Schulordnungen haben dafür zwar von Bundesland zu Bundesland leicht voneinander abweichende Regelungen, doch im Grunde laufen alle auf dasselbe hinaus. Die Schule gibt dir die Möglichkeit, das Leben und den Unterricht mitzugestalten.

Würden das alle Schüler zugleich tun, käme ein ziemliches Chaos zu Stande. Also wählt jede Klasse einen Sprecher und seinen Stellvertreter, die ihre Interessen vertreten. Sie oder er ist damit automatisch Mitglied der Schülervertretung, nimmt an der Klassensprecherversammlung teil, wählt den Schulsprecher und diskutiert im Schülerausschuss mit. Damit er in allen diesen Gremien mitreden kann, ist es wichtig, dass sich jeder nominierte Klassensprecher sofort nach seiner erfolgten Wahl mit der geltenden Schulordnung an seiner Schule vertraut macht.

Stellvertretend für die Klasse hat ein Klassensprecher nämlich vier wichtige Rechte, die er im Namen seiner Mitschüler in Anspruch nehmen kann.

1. Das Informationsrecht, das bedeutet, die Schulleitung muss die Klassensprecher in allen Schülerangelegenheiten informieren.

2. Das Anhörungs- und Vorschlagsrecht, das heißt, die Schülervertretung kann sowohl der Schulleitung als auch den Pädagogen und den Eltern ihre Wünsche und Vorschläge unterbreiten.

3. Das Vermittlungsrecht. Ein Klassensprecher setzt sich für Schüler ein, die sich in irgendeiner Weise ungerecht behandelt fühlen.

4. Das Beschwerderecht, denn nicht immer finden Schüler gut, was Lehrer und Schulleitung über ihren Kopf hinweg bestimmen.

Der Klassensprecher ist eigentlich eine Art Volksvertreter, ein „Schulpolitiker". Er vertritt die Klasse gegenüber der Ordnungsmacht Schule.

Kein Klassensprecher muss es sich gefallen lassen, dass ihn ein Lehrer dazu abstellt, die Klasse zu disziplinieren, Schwätzer und Chaoten aufzuschreiben oder an Stelle des Lehrers für Ordnung zu sorgen. Das gehört nicht zu seinem Aufgabenbereich.

In der Grundschule entscheidet wahrscheinlich weitgehend die Sympathie darüber, wer jetzt zum Klassensprecher gewählt wird. Später, in höheren Klassen, wird es immer wichtiger, dass er sich vor allem durchsetzen kann und die Interessen seiner Mitschüler hartnäckig vertritt.

Zuverlässigkeit, Vertrauenswürdigkeit, Verschwiegenheit, Verständnis, Ideenreichtum, Entschlossenheit und Tatkraft sind weitere Eigenschaften, die ihr oder ihm in diesem Amt garantiert nicht schaden.

Aber der Klassensprecher ist kein Mädchen für alles, dem

man jede unangenehme Aufgabe vor die Füße kippt. In Problemfällen kann er nur Lösungsvorschläge machen, und oft muss er sehr diplomatisch vorgehen, damit die Lehrer und die Schulleitung mitziehen.

▶ **Emanzen gegen Machos** Theoretisch ist alles ganz einfach. Mädchen und Jungen in einer Klasse lernen nicht nur den Schulstoff gemeinsam, sie lernen gleichzeitig auch, miteinander umzugehen. Aber Theorie und Praxis liegen oft weit auseinander. Der tägliche Umgang miteinander ist oft nicht so problemlos, weil Jungen und Mädchen sich nicht von ihren Vorurteilen befreien können.

Umfragen haben ergeben, dass viele Jungen Mädchen für überempfindlich, romantisch, ängstlich, höflich, schutzbedürftig, anhänglich, treu, verträumt, gefühlsbetont, familienorientiert halten. Sie sind der Ansicht, dass Mädchen in der Schule besonders gut in Deutsch und Sprachen sind.

Du nickst? Dann kontrolliere doch mal deine eigenen Vorurteile: Würdest du einige dieser Eigenschaften Jungen zuschreiben: mutig, frech, cool, unsensibel, stark, karriereorientiert, untreu, realistisch, verstandesbetont?

Denkst du, ein richtiger Junge weint nicht, gebraucht seine Ellbogen, oder alle naturwissenschaftlichen Fächer und Mathe fliegen ihm im Schlaf zu?

Wenn sich die Menschen in solche Schablonen pressen ließen, ginge jede Besonderheit des Einzelnen verloren. Dann gäbe es wirklich *das Mädchen* und *den Jungen*. Über das männliche und das weibliche Rollenverhalten haben wir schon unter den Stichworten Liebe und Familie gesprochen, aber in Schule oder Ausbildung wirst du ebenso unmittelbar damit konfrontiert.

Es liegt an dir, diese Vorurteile auszurotten. Wenn du dich dabei ertappst, dass du dich ein wenig dümmer stellst, als du in Wahrheit bist, damit dir ein Junge etwas erklären kann, solltest du mal darüber nachdenken, warum du das tust. Ist es nur ein Trick, um endlich mit ihm ins Gespräch zu kommen, ist das durchaus schon mal zulässig.

Machst du das aber öfter, dann wird es schon gefährlich. Dann bist du nämlich dabei, ein längst überkommenes Rollenbild zu übernehmen: der Mann als der Überlegene, Wissende, der die schwache, unwissende Frau ein wenig an seiner geistigen Überlegenheit teilnehmen lässt. Das mag ja dem Selbstbewusstsein des Jungen durchaus schmeicheln. Deinem eigenen Selbstwertgefühl hingegen tut es ganz sicher nicht gut.

Irgendwann geht dir diese zunächst angenommene Rolle so in Fleisch und Blut über, dass du letztendlich selbst glaubst, nichts entscheiden zu können, ohne vorher männlichen Rat erfragt zu haben. Oder dass du einfach nicht so viel weißt oder leisten kannst wie ein Junge. Und dass das blanker Unsinn ist, muss ja wohl nicht betont werden. Natürlich gibt es einzelne Jungen, die dir in bestimmten Bereichen vielleicht überlegen sind.

Es gibt auch Mädchen, die dir auf dem einen oder anderen Gebiet voraus sind. Aber umgekehrt genauso. Und wenn du nachdenkst, fallen dir sicher nicht nur „typisch weibliche" Bereiche ein, in denen dir andere Jungen und Mädchen nicht das Wasser reichen können.

Die Jugend liebt heutzutage den Luxus. Sie hat schlechte Manieren, verachtet die Autorität, hat keinen Respekt vor den älteren Leuten und schwatzt, wo sie arbeiten sollte. Die jungen Leute stehen nicht mehr auf, wenn Ältere das Zimmer betreten. Sie widersprechen ihren Eltern, schwadronieren in der Gesellschaft, verschlingen bei Tisch die Süßspeisen, legen die Beine übereinander und tyrannisieren die Lehrer!

▸ Alle Macht den Paukern?

Manchmal kommst du dir als Schülerin so machtlos vor, dass du am liebsten senkrecht die Wände hochgehen wurdest. Verständlich, denn nicht immer sind die Entscheidungen von Lehrern auf Anhieb zu durchschauen oder zu akzeptieren. Dampf ablassen tut gut, aber es löst Probleme nicht. Was also tun? Musst du in der Schule alles schlucken? Nein! Auch Lehrer sind nur Menschen, denen mal ein Fehler unterläuft. Die Schulordnung hilft oft weiter.

▸ Den Begriff *Strafarbeit* gibt es in den Schulordnungen nicht. Es gibt nur Ordnungsmaßnahmen wie den *Hinweis* und den *Verweis*. Gegen eine unsinnige Strafarbeit, die nur Schikane ist (z. B. mehrmals „Ich darf nicht schwätzen" schreiben), kannst du also protestieren. Brummt dir dein Lehrer eine zusätzliche Arbeit auf, die sich mit dem durchgenommenen Unterrichtsstoff beschäftigt, kann er sich jedoch darauf berufen, dass du versäumten Lehrstoff nachholen musst.

▸ *Persönliche Beleidigungen* (z. B. „Du dumme Gans!" oder „Aus welchem Stall kommst du eigentlich?") brauchst du dir nicht gefallen zu lassen. Auch ein Lehrer muss laut Schulordnung die Grenzen des Anstandes einhalten. Dein Klassenlehrer oder deine Eltern können sich in einem solchen Fall für dich einsetzen, oder wenn der Lehrer die ganze Klasse derart beleidigt, kann eine Klassenelternkonferenz vermittelnd eingreifen.

▸ Gibt es Diskussionen über die *Anzahl von Klassenarbeiten*, Tests etc., so findest du in der Schulordnung die genauen Vorschriften dafür. Aber auch die zulässigen Bedingungen für solche Arbeiten sind dort festgehalten. Die Schulordnung kannst du jederzeit bei der Schulverwaltung einsehen, und die Lehrer sind verpflichtet, sie zu befolgen.

▶ Hast du den Eindruck, dass ein Lehrer den offiziellen *Lehrplan* nicht erfüllt oder irgendwelche Arbeiten in einem Fach ansetzt, die dir spanisch vorkommen, dann hast du das Recht, im Lehrplan nachzusehen. Der Lehrplan liegt im Direktorat aus. Es steht dir als Schülerin zu, ihn jederzeit einzusehen. Außerdem gibt es an höheren Schulen so genannte *Fachbetreuer* für die einzelnen Lehrfächer. An sie darfst du dich in so einem Fall genauso wenden. Bei ihnen bekommst du auch Rat, wenn du mit den Fehlerschritten bei einer Arbeit nicht einverstanden bist und berechtigte Einwände dagegen vorzubringen hast.

▶ Kein Lehrer darf einen Schüler auf Grund seiner Herkunft, Hautfarbe oder Rasse benachteiligen. Das ist ein elementares demokratisches Grundrecht, das natürlich auch in der Schule gilt. Bist du der Meinung, dass du *diskriminiert* wirst, musst du den Mut aufbringen, dich zu wehren. (Unternimm die- selben Schritte, die auch auf die *persönlichen Beleidigungen* zutreffen.)

▶ *Klassensprecher* und Schülervertretung können zwar für dich eintreten, aber eigentlich nur, wenn die Sache wirklich von großer Bedeutung ist. Kleinere Unstimmigkeiten musst du schon selbst ins Reine bringen.

▶ Jede Schule hat einen so genannten *Vertrauenslehrer*,

der bei Konflikten zwischen Lehrern und Schülern vermittelt. Sprich mit ihm.

▸ Hilft dir ein Lehrer nicht, wenn du von Klassenkameraden oder Älteren bedroht oder sogar körperlich angegriffen wirst, versäumt er seine *Fürsorgepflicht*. Bitte deine Eltern um Unterstützung. Auch die Schulleitung muss dafür sorgen, dass so etwas nicht mehr passieren kann. Ein letzter Ausweg bei schlimmen *Misshandlungen* ist die Anzeige bei der Polizei. Auf keinen Fall solltest du schweigen und Brutalitäten oder *Erpressungen* dulden.

▸ Hast du *ernsthafte Schwierigkeiten mit einem Lehrer*, prüfe deine Anschuldigungen genau, ehe du sie aussprichst. Überlege dir, was du sagen willst, sammle deine Argumente und möglichst auch Beweise, und bewahre die Nerven, wenn es hart auf hart kommt.

▸ Gibt es so großen Ärger, dass er nicht mit einem Gespräch beigelegt werden kann, musst du dich schriftlich zur Wehr setzen. Das ist dann ein so genannter *formloser Rechtsbehelf,* in dem du deine Version des Streitpunktes genau darstellst. Bist du noch minderjährig, müssen das deine Eltern für dich tun. Deine Gegendarstellung wird von der Schule geprüft und geht dann an die Schulaufsichtsbehörde. Diese kann, wenn sie anderer Meinung als die Schulleitung ist, deren Beschluss sogar ändern. Auch damit musst du dich nicht zufrieden geben. Du kannst noch einmal Widerspruch bei der nächsthöheren Schulbehörde einlegen. Ob das sinnvoll ist, musst du dir zusammen mit deinen Eltern genau überlegen.

▶ Wirst du *nicht versetzt* und glaubst, dass die Benotung deiner Leistungen falsch ist, kannst du die Notbremse mit einem *förmlichen Rechtsbehelf* ziehen. Der Brief mit deinem Protest muss spätestens vier Wochen nach der Zeugnisabgabe als Einschreiben an den Schulleiter gehen. Im Text musst du Widerspruch gegen die Note einlegen und einen richtigen Antrag auf die Versetzung in die nächste Klasse stellen. Zähle genau die Fehler auf, die der Lehrer deiner Meinung nach bei der Benotung deiner Leistungen gemacht hat. Die *Versetzungskonferenz*, mit dem Schulleiter als Vorsitzendem, entscheidet dann über deinen Antrag. Lehnen sie ihn ab, geht dein Fall zur Schulaufsichtsbehörde. Teilt diese die Entscheidung der Versetzungskonferenz, so ist dein letzter Ausweg das Verwaltungsgericht. Damit diese Instanz Klage erhebt, musst du aber wirklich stichhaltige Gründe angeben können.

Nachhilfe, die hilft

Eine längere Krankheit, die erste große Liebe, Probleme mit den Eltern, so vieles kann manchmal wichtiger sein als die Schule. Und dann erwischt es dich genau in den Fächern, in denen du sonst mit Ach und Krach noch mitgekommen bist. Nachhilfestunden sind angesagt! Aber sind sie eigentlich sinnvoll?

Ja, wenn es darum geht, Lücken zu schließen und Versäumtes nachzuholen. Hast du jedoch allgemein Probleme mit dem Stoff und stehst in allen Fächern auf der Kippe, ist mit Nachhilfe wenig zu machen. Dann ist ein Schulwechsel oder das Wiederholen der Klasse sinnvoller. Dein Nachhilfelehrer sollte dir auch ein bisschen sympathisch sein. Ein strenger Typ, der nur an dir herumkrittelt, macht dich nicht lernbereit, und die Abneigung blockiert dich zusätzlich.

Erkundige dich bei deinem Fachlehrer, ob er dir jemanden empfehlen kann, und lass dir von ihm genau sagen, was du nachholen sollst. Er weiß, was du leisten kannst und wo du am besten einsetzen solltest, um Erfolg zu haben.

Nach ein bis zwei Monaten und höchstens zwei bis drei Nachhilfestunden pro Woche musst du wieder fit sein, sonst bringt die Nachhilfe nichts. Und bitte – gewöhne dich nicht zu sehr an den Privatpauker. Die Versuchung ist groß, im Unterricht abzuschalten, denn am Nachmittag bekommt man das alles ja noch einmal erklärt!

▶ Höre auf deinen Biorhythmus Ein gutes Frühstück ist keine Erfindung von fürsorglichen Müttern, sondern eine Notwendigkeit, damit du auf Touren kommst. Kennst du ein Auto, das ohne Treibstoff funktioniert?

Ob du Tee, Kaffee, Saft oder Milch zum Frühstück trinkst, bestimmen deine persönlichen Vorlieben. Zusammen mit Obst, Vollkornbrot und einem Müsli bildet ein ausgewogenes Frühstück die Grundlage, auf der sich dein Biorhythmus einpendelt.

So vorbereitet wirst du zwischen neun und zehn Uhr vormittags dein Kurzzeitgedächtnis jederzeit abrufen können, denn es ist zu diesem Zeitpunkt in Hochform.

Das kleine Tief, das nach zehn Uhr automatisch eintritt, muss in der großen Pause mit einer ausgewogenen Kalorien- und Ballaststoffzufuhr bekämpft werden. Am besten mit Vollkornbroten, einem Jogurt oder einer Quarkspeise. Früchte, Fruchtsäfte oder Früchtetees gleichen den Flüssigkeitsverlust aus.

Um elf herum hast du dann wieder einen Leistungshöhepunkt. Jetzt wäre die beste Zeit für Klassenarbeiten.

Mit einer ausreichenden Pausenmahlzeit hast du zudem verhindert, dass dich der Hunger pünktlich um zwölf überfällt und du in der letzten Schulstunde mehr auf deinen knurrenden Magen als auf den Lehrer hörst.

Da der Nachmittag den Hausaufgaben, den Hobbys und dem Sport gehört, ist ein leichtes Mittagessen wichtig. Suppe, Salat, Gemüse, Früchte, Quarkspeisen, mageres Fleisch oder Fisch gehören auf deinen Teller. Trotzdem wirst du gegen 14 Uhr merken, dass dein Blutdruck und auch der Hormonspiegel sinken. Du bist müde.

Ein kleiner Mittagsschlaf – und wenn es nur zehn Minuten sind – wäre jetzt ideal. Oder du legst dich wenigstens kurze Zeit hin, hörst Musik oder machst ein paar Entspannungsübungen.

Spätestens um 15 Uhr ist es Zeit für die Hausaufgaben. Zu diesem Zeitpunkt ist dein Langzeitgedächtnis am aufnahmefähigsten. Nütze das natürliche Leistungshoch unbedingt täglich für deine Arbeit!

Gegen 17 Uhr sind alle Sportler gefordert. Dein Körper ist jetzt auf dem täglichen Höhepunkt seiner Kraft und Ausdauer.

Am frühen Abend, gegen 19 Uhr, haben deine Sinne das Sagen. Alles, was deine Sinne anspricht, egal ob es sich um Nahrung, Duft oder Berührungen handelt, empfindest du jetzt besonders intensiv. Das ist die Zeit zum Entspannen. Erinnere dich daran, wenn du den idealen Zeitpunkt für ein Bad oder ausführliche Körperpflege suchst.

Den totalen Tiefpunkt deiner Leistungsfähigkeit verschläfst du in der Regel. Um drei Uhr morgens brennt dein gesamtes Überlebenssystem auf Sparflamme. Um diese Zeit denken selbst Nachtschwärmer voller Sehnsucht an ihr kuscheliges Bett.

Es wird dir sicher nicht gelingen, deinen Tagesablauf ganz und gar nach deinem Biorhythmus einzurichten, aber bei dem einen oder anderen Termin klappt das bestimmt.

Super Pausensnacks

Rot-Weiß-Burger
Ein Vollkornbrötchen aufschneiden, dünn buttern. Die untere Hälfte mit einem gewaschenen, knackigen Salatblatt belegen, darüber eine Scheibe Emmentaler Käse. Mit dünn geraspelten Radieschenscheiben und Gurkenscheiben belegen, die obere Hälfte drüberklappen.

Banana Boat
Ein Vollkornbrötchen aufschneiden und aushöhlen. Eine kleine (oder eine halbe) Banane mit der Gabel zerdrücken und mit zwei Esslöffeln Quark, einem Teelöffel Honig und einem Teelöffel Schokoladenpulver vermischen. Die untere Brötchenhälfte damit füllen und nach Wunsch mit Bananenscheiben bedecken, ehe du die obere auflegst.

Pikantes Schinkenbrot
Eine Scheibe Vollkornbrot dünn buttern, ein gewaschenes, knackiges Salatblatt auflegen und darüber eine Scheibe Schinken. Den Schinken dünn mit mittelscharfem Senf bestreichen, ein zweites Salatblatt darüber legen und mit einer zweiten gebutterten Scheibe zudecken.

Salatburger
Zwei Scheiben Vollkorntoast dünn mit Majonäse bestreichen. Einige Scheiben Rote Beete auf eine Brotscheibe legen, darüber Kresse, Tomatenscheiben, geraspelte Karot-

ten, Mais und ein Salatblatt. Dann die zweite Brotscheibe drüberklappen.

Frühlingsbrötchen

Ein Vollkornbrötchen aufschneiden, dünn buttern. Zwei Esslöffel Quark mit einem Esslöffel gewürfelter roter Paprikaschote und ein paar Kresseblättchen vermischen, mit wenig Salz würzen. Auf das Brötchen geben, mit Paprikastreifen oder Ringen belegen, die andere Hälfte darauf klappen.

Nichts gegen Äpfel ...

... sie sind pure Vitaminbomben. Aber in der Pause schmecken auch rohe Karotten, Kohlrabischeiben, rote Paprika, Salatgurkenstäbchen, Tomaten oder Stangensellerie! Einfach mal ausprobieren.

Trockenobst und Nüsse

sind lecker zum Naschen zwischendurch, und sie sind reich an Ballaststoffen.

Popcorn

enthält zwar weder besondere Vitamine noch wichtige Mineralstoffe, aber solange es nicht stark gezuckert ist, ist es zumindest eine kalorienarme Rascherei.

▶ **Der Beruf fürs Leben – Traumjob oder Albtraum?** Hast du dir schon einmal überlegt, wie es weitergehen soll, wenn die Schule hinter dir liegt? Das Institut der deutschen Wirtschaft in Köln hat kürzlich die Hitparade der Traumjobs aller Jugendlichen zusammengestellt. Von 1 000 befragten Mädchen möchten 236 Künstlerin werden, 60 einen Heil- oder Pflegeberuf ergreifen, 58 Lehrerin oder Dozentin sein, 53 Ingenieurin und Architektin, 45 Ärztin, 45 in einem Sozialberuf arbeiten, 45 Kauffrau lernen, 44 Psychologie studieren, 42 in die Tourismusbranche gehen und 34 Journalistin werden.

Natürlich wurden bei dieser Umfrage auch die Jungen befragt. Von 1 000 Jungen möchten 165 Künstler werden, 72 Sportler, 71 einen EDV-Beruf erlernen, 67 Ingenieur oder Architekt sein, 54 Pilot, 49 Handwerker, 48 einen technischen Beruf ergreifen, 41 Betriebswirt oder Volkswirt studieren, 41 Naturwissenschaftler werden und 39 Jurist.

In derselben Umfrage wurde auch festgestellt, dass gerade junge Frauen und Mädchen besonderen Wert auf ein gutes Betriebsklima legen. Das ist ihnen sogar wichtiger als Karrierechancen oder das Gehalt. Jede Zweite von ihnen wünscht sich aber einen Beruf, bei dem sie ihre Arbeit für ein paar Jahre unterbrechen kann, um Kinder zu bekommen und zu erziehen. Danach möchte sie wieder einsteigen. Schlusslichter der Traumberufe unter Mädchen sind Politikerin oder Diplomatin. Die wenigsten können sich vorstellen, in einem solchen Beruf glücklich zu werden.

Den Traumberuf Künstlerin verwirklichen nur sehr wenige Mädchen. Obwohl ihnen längst alle Berufslaufbahnen offen stehen, nehmen die traditionellen Frauenberufe im Heil- und Pflegebereich noch einen großen Stellenwert ein.

Nur wer ernsthaft gewillt ist, hart zu arbeiten und sich bis an die Grenze seiner seelischen und gesundheitlichen Belastbarkeit zu engagieren, sollte sich um einen Ausbildungsplatz im Pflegebereich bemühen. Am besten schon im vorletzten Schuljahr, dann bleibt genügend Zeit, nach einer möglichen Absage neue Bewerbungen loszuschicken.

Ausbildungsplätze im Bereich der Altenpflege sind übrigens leichter zu bekommen. Wer sich für den Beruf der Altenpflegerin interessiert, bekommt Informationsmaterial beim

Deutschen Berufsverband für Altenpflege e.V.
Sonnenwall 15
47051 Duisburg
Telefon: 02 03/29 94 27
http://www.dbva.de

Ehe du dich jedoch endgültig für eine soziale Laufbahn entscheidest, solltest du gründlich überlegen, ob deine Talente wirklich schwerpunktmäßig in diesem Bereich liegen. Es gibt viele Krankenhäuser und Altenheime, die dir in den Ferien oder am Wochenende die Möglichkeit bieten, deinen Traumberuf in praktischer Arbeit kennen zu lernen. Ruf einfach an, um dich darüber zu informieren. Die Verwaltungen der Kliniken oder Heime geben jederzeit gerne Auskunft.

Vielleicht bist du aber in Wirklichkeit eher technisch, kaufmännisch oder handwerklich begabt. Möglicherweise hast du Talent, mit Menschen zu verhandeln, und wirst mehr Erfolg in einer Bank, einer Versicherung oder im Verkauf haben. Die Möglichkeiten sind so vielfältig, dass du deine Berufswahl systematisch angehen solltest.

Um den richtigen Beruf zu finden, ist es nämlich zunächst einmal wichtig, dass du dich selbst genau kennst. Wer seine Vorlieben, Abneigungen, Talente und Schwächen genau kennt, kann auch eher beurteilen, in welchem Beruf er den meisten Erfolg und die größte Zufriedenheit finden wird. Lass dich dabei nicht in die Schablone der typischen Mädchenberufe pressen.

Lass dir nie einreden, dass Mädchen keine Ausbildung brauchen, weil sie ja doch irgendwann heiraten. Dein Recht auf Ausbildung ist sogar im Grundgesetz verankert, und niemand darf es dir verweigern!

Egal, ob du irgendwann ohne Trauschein mit deinem Freund zusammenziehst oder heiratest, das tut gar nichts zur Sache. Es ist immer gut, wenn man unabhängig ist und für sich selbst sorgen kann. Außerdem stärkt der Erfolg im Beruf dein Selbstbewusstsein.

Eine Ausbildung, die es dir ermöglicht, auf eigenen Beinen zu stehen, verhindert, dass du in möglichen Partnerschaftskonflikten plötzlich hilflos und allein dastehst. Auch wenn du dir im Moment nicht vorstellen kannst, dass du einmal solche Probleme haben wirst, eine gute Ausbildung ist die beste Mitgift. Brich auf keinen Fall deine Schulausbildung oder deine Lehre ab! Auch nicht, um mit irgendeinem kurzfristigen Job schnell das große Geld zu verdienen.

So verführerisch das schnell verdiente Geld im Augenblick ist, auf lange Frist gesehen zahlt sich eine solche Entscheidung nicht aus.

Für jeden Beruf brauchst du einen Schulabschluss, egal, ob das nun der Hauptschulabschluss oder das Abitur ist, ein Abschlusszeugnis brauchst du. Ohne ein solches Papier bist du ein Leben lang zu schlecht bezahlten Hilfsarbeiten verdammt. Wenn du überhaupt einen Job bekommst!

Hast du Probleme in der Schule, ist es vernünftiger, zusammen mit Lehrern und Eltern nach einem Ausweg zu suchen, als gleich alles hinzuschmeißen. Wer im Gymnasium absackt, kann die mittlere Reife machen, und ein guter Hauptschulabschluss verschafft dir allemal bessere Chancen als ein mieses Reifezeugnis von der Realschule. In der Schulverwaltung oder beim Schulamt gibt man dir jederzeit die nötigen Informationen. Hast du zwar Träume, aber noch keine konkrete Vorstellung, welchen Beruf du ergreifen möchtest, so kannst du dich bei deinem zuständigen Arbeitsamt beraten lassen. Bei der Berufsberatungsstelle, die jedem Arbeitsamt angegliedert ist, hilft man dir weiter. Dort bekommst du umfassende Informationen zu allen Berufen und hast die Chance, eine Reihe von Begabungstests zu machen, die dir Genaueres über deine Stärken und Schwächen verraten.

In größeren Städten gibt es sogar regelrechte Berufs-Informations-Zentren. Dort kannst du dich mit Broschüren und Prospekten informieren oder ein Einzelgespräch mit einem Berufsberater führen.

Zögere nicht, dieses kostenlose Angebot anzunehmen. Es liegt an dir, ob du später in einem öden Allerweltsjob versauerst oder in deinem Traumberuf Karriere machst!

Infos zum Thema Beruf

... bekommst du bei den Berufsberatungsstellen der Arbeitsämter.

... bei den Handwerkskammern (unter diesem Stichwort im Telefonbuch nachsehen).

... beim Bundesministerium für Bildung und Forschung, BMBF, 11055 Berlin, Telefon: 0 18 88/57-0.

... bei den jeweiligen Landesärzte- und Landeszahn-ärztekammern (im Telefonbuch nachsehen oder bei der Krankenkasse danach fragen).

... bei den Innungsverbänden der verschiedensten Hand-werksbetriebe (Telefonbuch).

... bei den Hilfsorganisationen wie zum Beispiel dem Deutschen Roten Kreuz, dem Diakonischen Werk oder dem Deutschen Caritasverband e. V.

▶▶ **Freizeit**

▶ Der Langeweilebazillus

Endlich hast du es hinter dir, die Hausaufgaben sind gemacht, du kannst ganz gemütlich die Füße auf den Schreibtisch legen. Freizeit! Nichtstun! Abschalten! Auf jeden Fall viel Zeit, in der dir kein Erwachsener Vorschriften macht. Zeit, in der du ausschließlich das tust, wonach dir gerade zu Mute ist.

Und das wäre? ... Musik hören, träumen, lesen, die Katze streicheln, deiner Brieffreundin schreiben, dir ausdenken, wie du den netten Typ aus der Parallelklasse auf dich aufmerksam machen kannst, einen Pulli stricken oder mit deinem kleinen Bruder Monopoly spielen? Kein schlechtes Angebot.

Aber leider geht es vielen Jugendlichen so, dass sie sich zwar erst nach der freien Zeit sehnen und dann plötzlich vor lauter Langeweile nicht mehr wissen, was sie damit anfangen sollen. Sie schlagen die Zeit beim Fernsehen, mit Computerspielen oder einfach mit Herumgammeln tot und bringen es auch noch fertig, über die eigene Antriebslosigkeit zu jammern.

Irgendjemand soll sie unterhalten, aufscheuchen und die tollen Unternehmungen vorschlagen. Auf die Idee, diese Mühe selbst auf sich zu nehmen, kommen sie dabei nicht.

Wenn du eine Freundin von der müden Sorte hast, dann weißt du, wie das abläuft. Am Ende gähnt sie vor der Glotze, zieht sich einen belanglosen Film rein und jammert am Montag, dass das Wochenende die Krone der Fadheit gewesen ist. Erholt sieht sie dabei auch nicht aus, schon eher total geschafft. Erledigt von so viel Eintönigkeit!

So soll es nicht sein. Freizeit ist der notwendige Ausgleich zur Arbeit. Egal, ob du nun noch in der Schule schwitzt oder schon in der Ausbildung stehst. Erholung und jede

Menge Fun sollten im Mittelpunkt stehen, egal, ob bei einem Hobby, beim Sport, beim Musikmachen, Lesen oder bei einem sozialen Engagement.

Eines solltest du nicht tun, dich auf so genannte typische Mädchenbeschäftigungen festlegen lassen. Wenn dich Pullis stricken anödet und du lieber an deinem Mofa herumbastelst, wenn du gerne Fußball oder Schlagzeug spielst, warum nicht? Warum sollen das nur Jungen dürfen!

Wenn du gar keinen Schimmer hast, worauf du Lust verspürst, aber überzeugt bist, dass es noch mehr geben muss, als Walkman zu hören und Cappuccino zu trinken, hier sind ein paar Alternativen.

Sport   Ein Riesengebiet für unterschiedliche Temperamente und Fitnessgrade. Egal, ob du nun den Tischtennisball über die Platte schmettern, mit dem Skateboard durch die Gegend düsen oder lieber chinesisches Schattenboxen lernen möchtest – was hält dich auf? Die Verwirklichung deiner Pläne hängt höchstens davon ab, welche Sportmöglichkeiten in deinem Heimatort erreichbar sind und für welchen Preis sie zur Verfügung stehen. Informationen über die verschiedensten Sportarten bekommst du unter folgenden Adressen (ein adressiertes und frankiertes Rückkuvert sorgt dafür, dass man dir schneller antwortet):

Deutscher Sportbund
Otto-Flex-Schneise 12
60528 Frankfurt
Telefon: 0 69/6 70 00
http://www.dsb.de

Mit Tieren die Freizeit verbringen Das macht sehr vielen Menschen Spaß. Einerlei, ob du dir vorgenommen hast, das Reiterabzeichen zu machen, einen Hund aus dem Tierheim zu holen oder dich in deiner freien Zeit dafür zu engagieren, dass keine Tierversuche mehr gemacht werden. Unter diesen Adressen bekommst du Informationen und Hinweise:

Interessengemeinschaft Deutscher
Hundehalter e. V.
Auguststraße 5
22085 Hamburg
Telefon: 0 40/45 47 61

Verband Deutscher Katzenfreunde
Geschäftsstelle
Postfach 14 56
57532 Wissen
Telefon: 07 00/33 78 35 38
http://www.dervdher.de

Deutsche Reiterliche Vereinigung e. V.
Freiherr-von-Langen-Straße 13
48231 Warendorf
Telefon: 0 25 81/6 36 20
http://www.fn-dohr.de

Bund gegen den Missbrauch der Tiere e. V.
Viktor-Scheffel-Straße 15
80803 München
Telefon: 0 89/3 83 95 20
http://www.bmt-tierschutz.dsn.de

Bundesverband Tierschutz e. V.
Walpurgisstraße 40
47441 Moers
Telefon: 0 28 41/2 52 44
http://www.bv-tierschutz.de

Deutscher Tierschutzbund e. V.
Baumschulallee 15
53115 Bonn
Telefon: 02 28/60 49 60
http://www.tierschutzbund.de

Musik Musik muss nicht nur der ständige Knopfdruck auf die Hi-Fi-Anlage sein. Hast du schon einmal daran gedacht, selbst in die Saiten oder Tasten zu greifen? In deiner Schule, in Musikschulen, Volkshochschulen und in jedem Musikgeschäft kannst du dich informieren. Musikgeschäfte bieten oft auch die Möglichkeit, ein teures Instrument für die ersten paar Monate zu leihen. Das kostet nur eine geringe Gebühr, und du kannst so ohne großes finanzielles Risiko feststellen, ob dieses Instrument das richtige für dich ist.

Kreativität Ein absolut exklusiver einmaliger Pulli, ein selbst bemaltes T-Shirt oder ausgefallener Schmuck machen vorher und nachher eine Menge Spaß. Dein Zimmer verträgt vielleicht ein bisschen neue Farbe, selbst gemachte Geschenke sind billiger und origineller als gekaufte, und von Knetmasse über Ton zu Pappmaschee gibt es tausende von Materialien, deinem Einfallsreichtum sind keine Grenzen gesetzt.

Sammeln Sammeln kannst du so gut wie alles. Und egal, wie verrückt deine Sammelobjekte sind: Solange es Spaß macht, warum nicht? Je nachdem, wofür deine Sammelleidenschaft entbrannt ist, auf Sammlerbörsen und Flohmärkten findest du schnell Kontakt zu Gleichgesinnten. Tauschen kann auch sehr spannend sein.

Sich ernsthaft für etwas engagieren Das kann sehr arbeitsintensiv werden. Aber in Anbetracht der vielen Gefahren, die unsere Natur, die Welt und jeden Einzelnen bedrohen, ist es natürlich angebracht, sich für eine sinnvolle Sache einzusetzen. Es gibt jede Menge Organisationen, die Nachwuchs suchen und dir das entsprechende Informationsmaterial darüber gerne zusenden. Zum Beispiel:

Amnesty International
Sektion der Bundesrepublik Deutschland e. V.
53108 Bonn
http://www.amnesty.de

UNICEF Deutschland
Höninger Weg 104
50969 Köln
Telefon: 02 21/93 65 00
http://www.unicef.de

Greenpeace e. V., Jugendorganisation Greenteam
Große Elbstraße 39
22767 Hamburg
Telefon: 0 40/30 61 80
http://www.greenpeace.de

Rettet den Regenwald e. V.
Friedhofsweg 28
22337 Hamburg
Telefon: 0 40/4 10 38 04

Deutscher Jugendbund für Naturbeobachtung (DJN)
Justus-Strandes-Weg 14
22337 Hamburg
Telefon: 0 40/50 67 64

Deutscher Naturschutzring
Dachverband der deutschen Natur- und
Umweltschutzverbände (DNR) e. V.
Grünes Haus
Prenzlauer Allee 230
10405 Berlin
Telefon: 0 30/44 33 91 81
http://www.dnr.de

Bund für Umwelt und Naturschutz
Deutschland (BUND) e. V.
Am Köllnischen Park 1
10179 Berlin
Telefon: 0 30/2 75 86 40
http://www.bund.net

Naturschutzbund Deutschland (NABU) e. V.
NABU
53223 Bonn
Telefon: 02 28/4 03 60
http://www.nabu.de

Naturschutzjugend im Naturschutzbund
Deutschland (Naju) e. V.
Herbert-Rabius-Straße 26
53225 Bonn
Telefon: 02 28/4 03 61 90
http://www.naju.de

Robin Wood, Gewaltfreie Aktionsgemeinschaft
für die Natur und Umwelt e. V.
Postfach 10 21 22
28021 Bremen
Telefon: 04 21/59 82 88
http://www.robin-wood.de

Umweltstiftung WWF Deutschland
Rebstöcker Straße 55
60326 Frankfurt
Telefon: 0 69/79 14 40
http://www.wwf.de

Schutzgemeinschaft Deutscher Wald e. V.
Meckenheimer Allee 79
53115 Bonn
Telefon: 02 28/9 45 98 30
http://www.sdw-online.de

DBJR Deutscher Bundesjugendring
Mühlendamm 3
10178 Berlin
Telefon: 0 30/40 04 04 00
http://www.dbjr.de

Ehe du jedoch zum Schreibzeug greifst, genügt vielleicht ein Blick ins Telefonbuch, ob eine dieser Organisationen auch an deinem Wohnort ansässig ist.

Abwechslung Das ist schließlich das große Zauberwort, das deiner Freizeit endgültig den Kick nach oben gibt. Ausschließlich Sport oder Engagement können auf die Dauer ebenfalls ermüdend werden. Eine gesunde Mischung aus gemeinschaftlichen Unternehmungen, Kreativität, Sport, Musik, Hobbys, Unterhaltung und auch Langeweile ist am spannendsten und wirkt am entspannendsten.

▸ Sucht: kein Weg, sondern eine Sackgasse

Klar, dass du bei Partys auch Bier, Wein oder Cuba Libre trinkst. Deswegen bist du ja keine Alkoholikerin. Vielleicht gehst du auch ganz gerne mal in eine Spielhalle, deshalb bist du doch längst noch nicht spielsüchtig. Vielleicht rauchst du, trinkst Kaffee oder kannst ohne Schlaftabletten nicht mehr einschlafen?

Bedeutet das, dass du nikotin-, koffein- oder tablettensüchtig bist?

Vielleicht isst du meistens sehr wenig, weil du Angst hast, zu dick zu werden. Bist du deshalb schon magersüchtig?

Wenn man Sucht hört, denkt man meistens sofort an drogenabhängige Jugendliche und an Herointote im Bahnhofsklo. Aber es gibt ja nicht nur die Drogen, die unter das Betäubungsmittelgesetz fallen. Diese Drogen zu besitzen oder mit ihnen zu handeln ist strafbar.

Neben diesen gibt es auch noch viele andere legale Drogen: Alkohol, Zigaretten, Medikamente.

Sucht hat viele Gesichter, und meistens fängt alles ganz harmlos an. Zu allen Zeiten und in jeder Gesellschaft kannten die Menschen Mittel, um ihre Stimmungen, Gefühle und Wahrnehmungen zu verändern und zu beeinflussen.

Welche Drogen offiziell geduldet oder sogar ins gesellschaftliche Leben integriert sind, bestimmt maßgeblich auch das Leben in dieser Kultur. Du weißt sicher, dass Alkohol im islamischen Kulturkreis verboten ist, während er in der westlichen Welt ein fester Bestandteil des öffentlichen und des privaten Lebens geworden ist. Was wären Silvester ohne Sekt, Weinfeste ohne Wein, Biergärten ohne Bier?

Der Gebrauch von gesellschaftlich akzeptierten Drogen wird erlernt, genau wie andere Verhaltensweisen auch. Es gibt aber leider viele Menschen, die entweder den Umgang mit Rauschmitteln nie gelernt haben oder die sich in irgendeiner schwierigen Lebenssituation (zum Beispiel Leistungsdruck in der Schule, Arbeitslosigkeit, Liebeskummer usw.) in Alkohol- oder Drogenkonsum flüchten. Die meisten Jugendlichen, die irgendwann einmal illegal Drogen nehmen, hören auch wieder damit auf.

Nur wenige, die zum Beispiel Haschisch probieren, nehmen später dann auch Heroin. Aber die Gefahr besteht natürlich.

Ob du (oder einer deiner Freunde) drogengefährdet bist, hängt vor allem davon ab, ob du gelernt hast, im Alltag Konfliktsituationen zu erkennen und nach Lösungsmöglichkeiten zu suchen. Wenn du nie erfahren hast, dass du aus eigener Kraft Probleme bewältigen kannst, ist die Gefahr natürlich groß, dass du einfach versuchen wirst, nicht mehr an die Schwierigkeiten zu denken, die unangenehme Wirklichkeit auszublenden – Alkohol zu trinken oder mit jedem Euro ein neues Glück in der Spielhalle zu suchen.

Die Trennlinie zwischen dem „normalen" Gebrauch von Rausch- und Genussmitteln und deren Missbrauch ist oft fließend. Wenn du die Befürchtung hast, dass du (oder einer deiner Freunde) in eine Abhängigkeit geraten bist, wende dich an eine Beratungsstelle. Adressen findest du im Anhang ab S. 289.

Jede Art von Sucht, egal ob Magersucht, Spielsucht, Fresssucht, Alkohol-, Tabletten- oder Drogensucht, ist eine Krankheit. Ohne fachliche Hilfe kann ein Süchtiger seine körperliche, seelische und geistige Gesundheit nicht wiedererlangen.

▶ Einige Stichworte zum Thema Sucht

Abhängigkeit Man unterscheidet körperliche (physische) und seelische (psychische) Abhängigkeit.
Von einer bestimmten Droge abhängig zu sein schränkt die Freiheit des Süchtigen stark ein, da er unablässig für Nachschub sorgen muss. Es gibt allerdings auch Abhängigkeiten, die nicht an einen Stoff gebunden sind, der dem Körper zugeführt wird (zum Beispiel Spielsucht).

Abhängigkeit, körperliche Die Droge wird in den Organismus „eingebaut", das heißt, dass der Stoffwechsel des Körpers eine bestimmte Menge der fremden Substanz braucht, sonst kommt es zu Entzugserscheinungen. Alkohol, Heroin und viele Schlafmittel machen körperlich abhängig.

Abhängigkeit, seelische Das unbezwingbare seelische Verlangen nach der Einnahme der Droge, um damit Trauer, Frust, Versagensängste und andere negative Gefühle abzubauen und positive Gefühle zu erzeugen.

Alkohol Alkohol wird durch die Vergärung beziehungsweise die Destillation verschiedener Grundstoffe gewonnen (z. B. Getreide, Früchte, Zuckerrohr). Der Genuss von Alkohol baut Hemmungen ab. Das Reaktionsvermögen lässt deutlich nach. Wenn man mehr trinkt, verliert man die Kontrolle über seine Bewegungen, man lallt, muss sich erbrechen. Ab drei Promille werden lebenswichtige Körperfunktionen beeinträchtigt, es kann zu einer tödlichen Lähmung von Atmung und Herztätigkeit kommen. Jeder vierte 14- bis 17-Jährige trinkt einmal pro Woche Alkohol.

Amphetamine Amphetamine sind Aufputschmittel. Sie steigern kurzfristig Leistungsfähigkeit und Selbstwertgefühl. Die Dosis muss sehr schnell gesteigert werden, damit eine Wirkung gewährleistet ist. Das führt zu chronischer Appetitlosigkeit, Zittern, Schlaflosigkeit und Verfolgungswahn.

Anorexia nervosa Siehe unter *Magersucht*.

Aufputschmittel Siehe unter *Amphetamine*.

Ausweichdroge Bei Nichtverfügbarkeit des eigentlichen Suchtmittels wird nach anderen gegriffen, die ähnlich wirken.

Barbiturate Siehe unter *Schlafmittel*.

Beruhigungsmittel Sie wirken angst- und spannungslösend. Sie vermindern aber auch die Reaktions- und Konzentrationsfähigkeit.

Bulimie Siehe unter *Fress- und Brechsucht*.

Cannabis Aus dem Harz der weiblichen Cannabispflanze (Hanf) wird Haschisch gewonnen, aus ihren zerkleinerten Blüten und Blättern Marihuana.

Dosissteigerung Der Organismus entwickelt die Fähigkeit, an sich giftige – manchmal tödliche – Mengen einer schädlichen Substanz zu verarbeiten. Um trotzdem wieder eine spürbare Wirkung zu erreichen, muss die Dosis erhöht oder die Einnahmehäufigkeit gesteigert werden.

Drogen Drogen ist der Sammelbegriff für Substanzen, die auf das zentrale Nervensystem wirken und Stimmungen, Bewusstsein und Wahrnehmung beeinflussen. Neben Cannabis, Halluzinogenen (LSD, Heroin), Opiaten und Kokain gehören auch viele Arzneimittel und Genussmittel wie Alkohol, Zigaretten, Kaffee und Tee unter den Begriff Drogen.

Ecstasy ist der Sammelname für so genannte Partydrogen, die die aufputschende Wirkung von Amphetaminen mit den halluzinationserregenden Eigenschaften von LSD verbinden. Ecstasy gibt es in Form von Tabletten oder Gelatinekapseln.

Fress- und Brechsucht Das ist eine Abart der *Magersucht*. Die Betroffenen hungern eine Zeit lang und werden dann plötzlich von einer unkontrollierbaren Gier zu essen überfallen. Nach so einem Fressanfall bringt sich der Betroffene zum Erbrechen.

Haschisch Haschisch ist erheblich stärker als Marihuana. Wie bei jeder Droge hängt die Wirkung stark von der Persönlichkeitsstruktur und der augenblicklichen Gefühlslage des Konsumenten ab. Haschisch führt zu Veränderungen der Sinneswahrnehmung und verstärkt die momentane Stimmungslage. Neben angst- und spannungslösender Wirkung kann es bei einmaligem Gebrauch auch zu Angst- und Panikzuständen kommen. Eine typische Auswirkung des regelmäßigen Cannabiskonsums ist gefühlsmäßige Abstumpfung und Apathie.

Heroin Heroin entsteht durch die chemische Reaktion von Morphin und Essigsäure. Es ist das stärkste bislang bekannte Suchtmittel und führt innerhalb kürzester Zeit zu einer seelischen und körperlichen Abhängigkeit. Heroin blockiert Schmerz- und Angstgefühle und erzeugt einen Zustand des Wohlbefindens. Mit der Zeit führt der Konsum von Heroin zu einem Verlust der Selbstwahrnehmung und einem eingeschränkten Hungergefühl. Hinzu kommen sozialer Verfall, Zwang zur Beschaffungskriminalität und die Gefahr einer Infektion durch unsaubere Spritzen.

Kokain Kokain wird aus den Blättern der Kokapflanze gewonnen. Es hat eine stark aufputschende, leistungssteigernde Wirkung, führt aber langfristig zu Wahnvorstellungen, Schlaflosigkeit und körperlichem Verfall. Kokain macht stark psychisch abhängig.

LSD *Lysergs*äure*di*äthylamid ist synthetisch herstellbar. Die Einnahme von LSD führt zu Sinnestäuschungen, Halluzinationen und zu psychedelischen Bewusstseinserweiterungen. Die Ausgangsstimmung bei der Einnahme der Droge ist entscheidend dafür, ob der „Trip" Hochstimmung oder Angst auslöst.

Magersucht Diese Art der Sucht äußert sich in der krankhaften Angst, auch nur ein Gramm zuzunehmen. Von Pubertätsmagersucht (Anorexia nervosa) sind vor allem junge Mädchen betroffen. Jedes zehnte Mädchen leidet an einer Form der Magersucht. Pubertätsmagersucht führt oft zu einem Ausbleiben der Menstruation. Sie kann in der Regel nur durch eine psychotherapeutische Behandlung geheilt werden.

Marihuana Marihuana wirkt ähnlich wie Haschisch, aber wesentlich schwächer. Die Krebs erzeugende Wirkung der Cannabisblätter ist um ein Vielfaches höher als die von Tabakrauch.

Medikamente Medikamente sind pflanzlich oder synthetisch hergestellte Hilfsmittel zur Erhaltung oder Wiederherstellung der menschlichen Gesundheit. Als Arzneimittelmissbrauch bezeichnet man die Einnahme von Medikamenten ohne medizinische Notwendigkeit. Bei Mädchen und Frauen kommt Arzneimittelmissbrauch häufiger vor als bei Jungen und Männern. Das mag daran liegen, dass Arzneimittelkonsum unauffällig und dadurch mit den weiblichen Rollenerwartungen eher vereinbar ist.

Mehrfachabhängigkeit Gleichzeitige Abhängigkeit von mehreren Suchtmitteln oder süchtigen Verhaltensweisen (z. B. Spielsucht, Magersucht).

Methadon Methadon ist ein synthetisch hergestelltes Arzneimittel, das vielfach als Ersatzdroge für Heroin eingesetzt wird, um die Entzugserscheinungen von Heroin zu vermeiden. Diese Methadonprogramme sind umstritten. Sie mildern zwar die sozialen Auswirkungen einer Heroinabhängigkeit, z. B. fällt die Beschaffungskriminalität dadurch weg, aber eine körperliche und seelische Abhängigkeit wird durch die Einnahme dieses Medikamentes trotzdem erhalten.

Nikotin Siehe unter *Tabak*.

Opium Opium wird aus dem eingedickten Milchsaft der unreifen Fruchtkapsel des Schlafmohns gewonnen. Opium wirkt, ähnlich wie sein Hauptbestandteil Morphin, in kleinen Mengen beruhigend, schmerz- und krampfstillend und einschläfernd. In größeren Mengen führt die Opiumeinnahme zu einem betäubenden Schlaf, der von lebhaften Träumen und starken Halluzinationen begleitet wird.

Schlafmittel Schlafmittel sind meistens barbiturathaltige Medikamente, die je nach Dosis beruhigen, einschläfern oder narkotisieren. Barbiturate machen süchtig.

Schnüffelstoffe Viele leicht flüchtige Kohlenwasserstoffe (z. B. Verdünner [Toluol], Benzin oder Lösungsmittel, die in Klebstoffen und Lackfarben enthalten sind) führen durch intensives Einatmen zu einem schnellen Rausch. Andauernder Missbrauch dieser Lösungsmittel schädigt das Gehirn und führt zu schweren Leber- und Nierenschäden.

Spielsucht Spielsüchtige können dem Glücksspiel – ganz gleich ob am „einarmigen Banditen", im Spielkasino oder bei der Zockerrunde – nicht widerstehen. Ihr zwanghafter Drang zu spielen hindert sie, ihre sozialen Kontakte zu pflegen und ihren schulischen, beruflichen und familiären Pflichten nachzukommen. Wie alle Suchtkranken setzen auch Spielsüchtige alles daran, um ihr süchtiges Verhalten zu befriedigen. Es gibt auch hier Beschaffungskriminalität, um an das zum Glücksspiel benötigte Geld zu gelangen, Entzugserscheinungen und totalen Kontrollverlust der Süchtigen.

Sucht Sucht ist das krankhafte, vom Süchtigen nicht mehr kontrollierbare Verlangen nach einem bestimmten Suchtmittel (z. B. Aufputschmittel, Kaffee, Alkohol, Drogen ...) oder nach bestimmten süchtigen Verhaltensweisen (z. B. nicht essen, abmagern, spielen ...). Ganz gleich, ob die Sucht eine körperliche und seelische (Drogen) oder nur eine seelische Abhängigkeit (Spielsucht) bewirkt, süchtiges Verhalten zerstört immer soziale Kontakte, Freundschaften, Familien, Liebesbeziehungen; ruiniert die Gesundheit; zwingt die Süchtigen meistens irgendwann zur Beschaffungskriminalität und verhindert, dass der/die Süchtige ein freies, glückliches, selbstbestimmtes Leben führen kann. Kein Süchtiger hat je gesagt: „Ich bin gerne süchtig!" Sucht macht unfrei – abhängig von dem, wonach man süchtig ist.

Tabak Etwa ein Drittel aller Jugendlichen raucht. Im Gegensatz zu anderen Drogenkonsumenten nehmen Raucher für sich keine Verhaltensänderungen als Auswirkung des Rauchens wahr. Aber es entwickelt sich mit der Zeit durchaus eine starke seelische und körperliche Abhängigkeit, die sich in Nervosität, Angst oder Aggressivität ausdrückt, wenn eine gewisse Zeit nicht geraucht wurde. Magenschmerzen, Durchblutungsstörungen (vor allem bei gleichzeitiger Einnahme der Pille), Nervosität, Krebs und Herzerkrankungen sind die Folgen von anhaltendem Nikotinmissbrauch.

Tranquilizer Siehe unter *Beruhigungsmittel.*

Zigaretten Siehe unter *Tabak.*

▶ **Die Sterne und deine Hobbys** Was du in deiner Freizeit auf die Beine stellst, hängt natürlich vor allem von deinen Vorlieben, von deinem Temperament ab. Deine Vorlieben und Abneigungen wurden dir zum Teil schon mit in die Wiege gelegt. Aber vielleicht erklärt dir der Blick in die Sterne, warum deine Stierfreundin so super tanzen kann und dein Zwillingsfreund darauf brennt, endlich den Motorradführerschein machen zu dürfen.

Widder Mädchen, die zwischen dem 21. März und dem 20. April geboren sind, interessieren sich für alles Neue. Egal, ob es nun Menschen, Ideen oder Länder sind. Sie halten sich gerne im Freien auf und sind von Autos und Motorrädern ganz fasziniert. Alle Wettbewerbssportarten, bei denen sie sich Gewinnchancen ausrechnen, sind ihr Fall, denn sie stehen gerne auf dem Siegertreppchen.

Stier Für Stiermädchen (21. April–21. Mai) steht das angenehme Leben im Vordergrund. Sie sind gerne draußen, halten aber wenig davon, sich abzustrampeln. Ihr Sport ist das Spazierengehen, und sie mögen gemütliche Ausflüge mit Freunden. Sie schätzen ausgedehnte Einkaufsbummel. An Handarbeiten wagen sie sich nur, wenn es keine übertriebene Mühe bereitet und super aussieht, denn sie sind sehr modebewusst. Sie lieben Partys und heiße Musik, und Tanzen ist ihr absoluter Lieblingssport.

Zwillinge Die temperamentvollen Zwillingsgirls (22. Mai–1. Juni) können auch in ihrer Freizeit nicht stillsitzen. Sie brauchen Action und Bewegung, damit es ihnen nicht langweilig wird. Sie sind die Mädchen, die am ehesten den Motorradführerschein machen und schon im Kindesalter davon träumen, um die Welt zu fliegen. Sie bleiben nicht lange bei einer Sache und sind ständig dabei, eine neue Idee, ein neues Hobby oder eine neue Mode auszuprobieren. Trotzdem verfügen sie über eine enorme Geschicklichkeit bei allen Hobbys, die Fingerfertigkeit und Fingerspitzengefühl erfordern.

Krebs Das Krebsmädchen (22. Juni–23. Juli) wird sich in erster Linie darum kümmern, dass sein Zimmer genau zu dem gemütlichen Nest wird, das es sich vorstellt. Was es aber nicht daran hindert, sehr gerne zu verreisen und wann immer es geht von fremden Ländern zu träumen. Außerdem sammelt es leidenschaftlich gerne ganz unterschiedliche Schätze. Es bessert sich sein Taschengeld beim Babysitten auf, da es sehr gut mit Kindern umgehen kann. Krebse haben auch einen sehr guten Draht zu älteren Menschen und betätigen sich in ihrer Freizeit oft in sozialen Einrichtungen.

Löwe Die meisten Löwinnen (24. Juli–23. August) laufen davon, wenn man sie zum Wintersport einlädt. Sie hassen Kälte, Schnee und Eis! Am glücklichsten sind sie im Sommer an einem schicken Strand mit dem passenden Luxushotel daneben. Löwemädchen lieben Partys, flippige Mode und Discobesuche. Viele von ihnen verfügen über künstlerisches Talent und machen begeistert in Theatergruppen und bei Bands mit. Sie kennen kein Lampenfieber, aber ihre Freunde müssen immer einkalkulieren, dass sie selten pünktlich sind.

Jungfrau Jungfraugirls (24. August–22. September) kümmern sich mit Hingabe um ihren Körper. Sie sammeln Kalorientabellen und probieren jede Diät aus. Oder sie konzentrieren sich auf Vollwertkost, natürliche Schönheitsmittel und stellen ihre Kosmetik selbst her. Sie sind überhaupt nicht egoistisch. Mädchen dieses Sternzeichens engagieren sich öfter als andere in humanitären Vereinigungen, bei der Kranken- oder Altenpflege und im Tierschutz. Zudem haben sie eine Schwäche für feine Handarbeiten und viel Talent, sich schicke Mode selbst zu schneidern.

Waage Waagen (23. September–23. Oktober) fühlen sich in ihrem Freundeskreis am wohlsten. Sie sind gesellig, fröhlich und werden gerne von anderen bewundert. Sie begeistern sich schnell für eine Sache, aber je länger es dauert, sie zu verwirklichen, und je größer die Mühe dabei wird, umso eher springen sie wieder ab. Angefangene Pullis, halb fertige Puzzles und Bücher, die nach dem zweiten Kapitel weggelegt wurden, gehören bestimmt einem Waagemädchen. Dafür sind sie die geborenen Diplomaten. Niemand kann so gut einen Streit schlichten oder einen Kummer trösten wie sie. Waagemädchen sind ein Gewinn für jede Clique!

Skorpion Es muss ein Skorpiongirl (24. Oktober–22. November) gewesen sein, für das der Spruch erfunden wurde, dass man mit ihm Pferde stehlen kann. Es macht buchstäblich alles mit, egal, ob es darum geht, mit dem Snowboard die Hänge hinunterzusausen oder bei Windstärke sechs zu campen. Das Skorpionmädchen sehnt sich nach Anerkennung, aber es tut auch eine Menge dafür. Manchmal müssen seine Freunde die Aufpasserrolle übernehmen, denn seine Risikofreude geht bis zur Gesundheitsgefährdung. Alles, was leicht und einfach zu erreichen ist, langweilt die Skorpioninnen fürchterlich!

Schütze Ein Mädchen, das im Zeichen des Schützen (23. November–22. Dezember) geboren ist, hätte gerne, dass sich der Rest der Clique immer nach ihm richtet, aber dafür ist es auch ein prima Kumpel. In Discos und auf Partys läuft es zur Höchstform auf. Schützinnen unterhalten sich gerne und sind fasziniert von jeder Art von Spiel, ganz besonders aber von jenen, bei denen man auch Geld gewinnen kann. Spielautomaten sind eine echte Gefahr für sie. Ihre Risikobereitschaft kennt kaum Grenzen, denn ein totaler Flop ist ihnen allemal lieber als angestaubte Langeweile.

Steinbock Steinbockmädchen (23. Dezember–20. Januar) sind die Finanzkünstlerinnen im Sternenkreis. Sie kann man immer anpumpen, denn sie haben garantiert ihr Taschengeld so gut eingeteilt, dass sie immer noch etwas übrig haben. Bei diesem Sternzeichen gibt es besonders viele Mädchen mit dem grünen Daumen. Egal, ob sie sich nun um eine Kakteensammlung oder eine Blumenecke im Garten kümmern, unter ihrer Obhut wächst und gedeiht alles. Zudem sind sie begeisterte Winter- und Wassersportlerinnen. Kälte und Erschöpfung machen ihnen wenig aus. Ihr Charme und ihr ausgeprägter Sinn für Humor sorgen außerdem dafür, dass sie sich so gut wie nie Feinde machen.

Wassermann Wenn es darum geht, in der Schule einen Streich auszuhecken oder mit der Clique irgendeinen Unsinn anzustellen, hat mit Sicherheit ein Wassermanngirl (21. Januar–19. Februar) seine Finger im Spiel. Kein Wunder, dass diese Mädchen beliebt sind und auch die langweiligsten Trödler auf Vordermann bringen können. Mit ihrem sprunghaften Temperament interessieren sie sich für alles Neue, egal, ob nun auf dem Gebiet der Mode, der Technik, des Sports oder der Musik. Sie können Zweifler in Grund und Boden reden, veranstalten die witzigsten Partys und sind immer bereit, für andere den Seelentröster zu spielen, ohne ein einziges der ihnen anvertrauten Geheimnisse zu verraten.

Fische Die Träumerin, die in ihrem Zimmer romantische Balladen oder Blues hört, die Gedichte liest und halbe Wochenenden damit verbringt, ihre Gefühle zu analysieren, wurde im Zeichen der Fische (20. Februar–20. März) geboren. Fischemädchen schreiben mit Hingabe Tagebuch, glauben an die Glück bringende Macht von Amuletten und gruseln sich bei Geistergeschichten. Unter ihrer Obhut werden entlaufene Hunde aufgenommen, verletzte Katzen gepflegt und aus dem Nest gefallene Vögel wieder aufgepäppelt. Keine Mühe ist einem solchen Mädchen zu viel, wenn es darum geht, ein hilfloses Wesen zu retten.

▶ **Freizeitkamerad Tier**

Spielst du mit dem Gedanken, dir eine Schmusekatze anzuschaffen? Einen Hund, einen Wellensittich oder eine niedliche kleine weiße Maus? Ein Lebewesen, das ganz allein für dich da ist, dem du deine ganze Liebe und Zeit schenken kannst? Wenn ja, gibt es eine ganze Reihe von Dingen, die du dabei bedenken musst.

Damit deine Eltern nicht von vornherein schon abwinken, wäre es gut, wenn du die folgende Checkliste einmal durcharbeitest. Beantworte jede Frage absolut ehrlich.

▶ Was erwartest du dir von einem Tier? Unterhaltung? Zuneigung? Freundschaft? Schutz?

▶ Was könntest du mit dem Tier anfangen? Streicheln? Beobachten? Spielen? Spazieren gehen? Züchten?

▶ Gibt es Tiere, bei denen deine Eltern von vornherein sagen, dass sie ihnen nie in die Wohnung kommen? Mäuse zum Beispiel oder gezähmte Ratten?

▶ Gibt es schon andere Tiere in eurer Familie? Würden sie sich mit dem Neuling vertragen?

▶ Kannst du dein Tier richtig unterbringen?

▶ Hast du genügend Geduld, um es zu erziehen oder zu zähmen?

▶ Wie viel Zeit kannst du neben Schule oder Beruf täglich für ein Tier erübrigen?

▶ Ist es ein Tag- oder ein Nachttier? (Hamster zum Beispiel sind nachtaktiv!)

▶ Wie sieht es mit den Finanzen aus? Möglicherweise musst du ja nicht nur das Tier, sondern auch einen Käfig, Futter und vielleicht die Untersuchung oder vorbeugende Spritzen beim Tierarzt bezahlen.

- Wer kommt für die laufenden Futterkosten auf?
  Wer zahlt Tierarzt und Hundesteuer?
- Darf dein Hamster Nachwuchs bekommen?
  Wenn nicht, wer bezahlt die Sterilisation?
- Was geschieht mit deinem Tier in den Ferien?
  Kann das Tier mitreisen, muss es versorgt oder zur
  Pflege in eine Tierpension gebracht werden?
- Was steht im Mietvertrag für eure Wohnung?
  Ist Tierhaltung überhaupt erlaubt?
- Bei einem Hund solltest du in Erfahrung bringen,
  was die Nachbarn darüber denken. Wenn es ständig
  Zank gibt, weil dein vierbeiniger Kamerad bellt,
  sind deine Eltern sicher dagegen.
- Informiere dich über die Lebenserwartung des Tieres.
  Was geschieht mit dem Tier, wenn du in der
  Ausbildung bist oder vielleicht dein Elternhaus
  irgendwann verlässt?

Nur wenn du all diese Punkte so klären kannst, dass dein vierbeiniger, gefiederter oder geschuppter Freund artgerecht leben kann und niemand Anstoß nimmt, kannst du dir ein Tier halten.

So viel Überlegung und Vorarbeit von deiner Seite überzeugt bestimmt auch deine Eltern, dass du nicht nur aus einer bloßen Laune heraus ein Tier haben möchtest. Müssen sie dir deinen Wunsch aber trotzdem aus irgendwelchen Gründen abschlagen, hast du, solange du noch nicht volljährig bist und alleine wohnst, keine Möglichkeit, etwas dagegen zu unternehmen.

Willst du trotzdem auf die lebendige Gegenwart eines Tieres nicht verzichten, erkundige dich doch nach dem nächsten Tierschutzverein in deiner Gegend. Dort werden immer freiwillige Helfer gesucht. Die Adresse findest du im Telefonbuch, oder du erfragst sie beim Bundesverband Tierschutz (Adresse im Anhang S. 287).

Vielleicht gibt es in eurer Nachbarschaft auch einen Hundebesitzer, der dankbar dafür ist, wenn du mit seinem Hund regelmäßig spazieren gehst.

In manchen Supermärkten gibt es im Eingangsbereich ein „schwarzes Brett", auf dem du einen Zettel befestigen kannst, der deine Dienste anbietet. Oder vielleicht hängt dort schon eine Suchmeldung, die genau das Richtige für dich ist! Schau einfach mal nach!

▶ **Der große Partytest** So eine richtig heiße Fete, auf der sich alle die Sohlen abtanzen, ein gemütliches Teetrinken mit ein paar Freundinnen, bei der ihr eure Lieblingsmusik hört, ein Spielenachmittag, bei dem sich alle um das neueste Brettspiel versammeln, oder eine Pizzaparty in einer sturmfreien Küche: Wie sieht es aus, hast du den Mut zu einer Einladung, oder schreckt dich der Gedanke an die Organisation und die damit verbundene Arbeit? Glaubst du, dass du eine Fete von Anfang bis Ende durchziehen kannst?

Der Partytest gibt Aufschluss. Lies dir jede Frage genau durch, und kreuze Ja oder Nein an.

1 Denkst du, dass Partys, die sich ganz zufällig ergeben, eigentlich die witzigsten sind? ☐Ja ☐Nein

2 Gibt es auf deinen Festen ausschließlich die Sachen zu essen oder zu trinken, die alle gern mögen? ☐Ja ☐Nein

3 Achtest du bei den Einladungen darauf, wer im Moment gerade mit wem verfeindet oder zerstritten ist? ☐Ja ☐Nein

4 Kannst du vor Aufregung nicht schlafen, wenn du eine Party veranstaltest? ☐Ja ☐Nein

5 Hast du auf deinen Festen manchmal Probleme mit Langweilern oder Mauerblümchen, um die sich keiner richtig kümmert? ☐Ja ☐Nein

6 Ist es für dich logisch, dass sich alle Gäste selbst miteinander bekannt machen, auch mögliche „Neue"? ☐Ja ☐Nein

7 Stehst du auf deinen Festen ständig unter Stress, damit auch alle genügend zu essen und zu trinken haben? ☐Ja ☐Nein

8 Wenn du irgendwelche Spiele organisierst, die das Fest auflockern, sollen alle deine Gäste dabei mitmachen? ☐Ja ☐Nein

9 Bist du der Ansicht, dass man Mauerblümchen am besten in Ruhe lassen sollte, weil sie sonst in Panik geraten und durchdrehen? ☐Ja ☐Nein

10 Bist du sauer, wenn deine Freunde am nächsten Tag keinen Piep sagen, ob die Party ein Hit war? ☐Ja ☐Nein

11 Veranstaltest du manchmal Feten, die du unter ein bestimmtes Thema stellst, z. B. eine Hollywood-Nacht? ☐Ja ☐Nein

12 Lehnst du lieber ab, wenn dich andere zu einem Fest einladen, damit du nicht irgendwann verpflichtet bist, auch eine Party zu geben? ☐Ja ☐Nein

13 Würdest du auch mal einen netten Lehrer oder deinen Boss zu einer Fete einladen? ☐Ja ☐Nein

14 Bekommst du die Flatter, wenn ein paar deiner Gäste zu früh vor der Haustür stehen? ☐Ja ☐Nein

15 Macht es dir mehr Spaß, deine eigene Party zu organisieren, als bei anderen zu feiern? ☐Ja ☐Nein

16 Fällt es dir leicht, mit Fremden ins Gespräch zu kommen? ☐Ja ☐Nein

17 Wie oft wird bei dir gefeiert? Öfter als einmal pro Jahr? ☐Ja ☐Nein

18 Wenn du genügend Kohle hättest, würdest du deine Freunde lieber in die Disco einladen als zu dir nach Hause? ☐Ja ☐Nein

19 Bist du mit deiner Bude daheim zufrieden, oder würdest du sie am liebsten total umkrempeln? ☐Ja ☐Nein

20 Fällt dir ein Stein vom Herzen, wenn die Clique nach der Party endlich fort ist? ☐Ja ☐Nein

Die Auswertung

Die Fragen 1, 4, 5, 6, 7, 8, 9, 10, 12, 13, 14, 18, 19 und 20 solltest du mit Nein beantwortet haben. Die Fragen 2, 3, 11, 15, 16 und 17 mit Ja, dann bist du die absolute Party-queen. Zähle einfach deine „richtigen" Antworten zusammen, und lies unter der entsprechenden Rubrik in der Auswertung nach.

Bei einer Trefferquote von 15 bis 20: Deine Partys sind mit Sicherheit der absolute Geheimtipp. Bei dir fühlt man sich echt wohl. Es herrscht Stimmung, ohne dass man dir anmerkt, wie geschickt du dafür sorgst, dass sich keiner langweilt. Die unbeschwerte Superlaune, die du verbreitest, taut Eisblöcke auf und lockt Mauerblümchen aus den Ecken. Da ist es am Ende völlig egal, ob es Chips aus der Tüte oder liebevoll vorbereitete Salate gibt. Bei dir weiß jeder Partygast, dass er gerne gesehen ist und unbeschwert feiern darf.

11 bis 15 Treffer: Nur keine Panik, es ist völlig unnötig, dass du vor jeder größeren Fete schweißfeuchte Hände bekommst. Es muss auch nicht sein, dass du die irrsten Sachen organisierst, nur damit auch alle kommen. Ein bisschen mehr Selbstsicherheit kann dir nicht schaden. Deine Freunde möchten mit dir feiern, weil man mit dir Pferde stehlen kann, und nicht, weil du Brötchen stylst,

die aus dem nächsten Feinkostgeschäft stammen könnten. Wenn du die goldene Mitte zwischen deinem eigenen Spaß und der Mühe findest, die du dir für die anderen gibst, hast du in Zukunft an deiner Party auch selbst
mehr unbeschwerte Freude.

6 bis 10 Treffer: Eigentlich fühlst du dich am wohlsten,
wenn du bei deinen Freunden feiern kannst. Da bist du
auch gerne bereit, mit anzupacken
und zu helfen, aber vor der eigenen
Verantwortung für eine solche
Fete schreckst du zurück.
Warum eigentlich? Es ist doch
schade, dass du deine guten
Ideen und deinen Schwung
nur den anderen zur Ver-
fügung stellst. Du wärst
garantiert eine ebenso gute
Gastgeberin wie sie. Dir fehlt
im Grunde nur der Mut, es zu
probieren.

1 bis 5 Treffer: Hast du auch garantiert nicht ge-
schwindelt bei diesem Test? Liegt es daran, dass du in
letzter Zeit eine schwere Enttäuschung erlitten hast, oder
bist du einfach momentan in einem totalen Tief? Für beide Fälle wäre eine Party eigentlich genau die beste Medizin! Der Job als Partyorganisator würde dich auch von
deinem Kummer ablenken und dir vielleicht den nötigen
Abstand zu deinem Problem verschaffen.

▶ Allein verreisen – wie sag ich's meinen Eltern?

Du möchtest in diesen Ferien nicht mehr im Schlepptau deiner Eltern verreisen. Vermutlich hast du auch schon genaue Vorstellungen davon, was du stattdessen gerne unternehmen möchtest: mit deiner besten Freundin in Dänemark campen, auf einem Reiterhof Pferde striegeln oder einfach ab in Richtung Süden fahren. Auf jeden Fall mit Freunden ohne Mutter und Vater!

Je nach Temperament und Familienlage werden deine Eltern diese Ankündigung entweder gelassen oder entsetzt aufnehmen. Nicht zuletzt hängt das von deinem Alter ab. Du musst auch damit rechnen, dass sie sich um dich mehr Sorgen machen werden als um einen Jungen. Allein reisende Mädchen sind nicht nur in der Fantasie ihrer besorgten Eltern jeder Menge Gefahren ausgesetzt.

Solange du noch nicht fünfzehn bist, musst du vermutlich damit rechnen, dass deine Eltern es nicht erlauben werden, dass du ohne sie Urlaub machst. Und gegen ein striktes Verbot deiner Eltern kannst du wenig ausrichten. Laut Jugendschutzgesetz dürfen sie sogar darauf bestehen, dass du deine Ferien im Familienkreis verbringst, bis du mit achtzehn Jahren volljährig bist.

Die meisten Eltern lassen allerdings nach dem sechzehnten Geburtstag ihrer Töchter mit sich über getrennte Ferien reden. Ob nun mit Freund oder Freundin hängt sicher davon ab, wie selbstständig du bist und wie gut das Verhältnis zu deinen Eltern ist.

Wichtig für dich ist, dass du auch nur dann losziehen darfst, wenn du eine schriftliche Genehmigung deiner Eltern hast. Bei Grenzübertritten, Übernachtungen oder bei der Anmeldung auf dem Campingplatz kann dieses Papier von dir gefordert werden. Es sollte in Form einer Vollmacht abgefasst sein und zum Beispiel lauten: „Unsere Tochter Andrea Maier ist mit unserem Einverständnis in der Zeit vom 24. Juli bis zum 21. August in Dänemark unterwegs." Datum, Unterschrift und Adresse mindestens eines Elternteiles vervollständigen das Dokument. Diese Bescheinigung sichert dir auf einer Reise die Rechte einer Volljährigen. Das heißt, du darfst dich in einem Hotel einmieten, Schecks einlösen und Käufe tätigen, soweit sie im Rahmen einer Reise üblich sind.

Deine Eltern haften nämlich mit ihrer Unterschrift dafür, dass alles ordnungsgemäß bezahlt wird.

Ob du, wenn du mit deinem Freund unterwegs bist, auch tatsächlich ein Doppelzimmer bekommst, hängt dann vom jeweiligen Hotelier ab. In Deutschland darf ein Mädchen ab sechzehn mit seinem Freund schlafen, und die Eltern können es nur verbieten, wenn dein Freund vorbestraft, drogensüchtig oder bereits verheiratet ist. Im Ausland müsst ihr euch aber schon nach den Regeln des Gastlandes richten. Das heißt, im Notfall habt ihr keinen Anspruch auf ein gemeinsames Zimmer, wenn der Vermieter glaubt, dass er das nicht verantworten kann.

Preisgünstig und problemlos kannst du auf einer solchen Reise auch immer in einer Jugendherberge unterkommen. Ein Verzeichnis der nationalen Jugendherbergen kannst du zum Preis von 4,– Euro unter folgender Adresse anfordern:

Deutsches Jugendherbergswerk
Bismarckstraße 8
32756 Detmold
Telefon: 0 52 31/7 40 10
http://www.dih.de

Unter derselben Adresse bekommst du auch das *International Youth Hostel Handbook* mit allen ausländischen Adressen von Jugendherbergen.
Kostengünstige Übernachtungsmöglichkeiten bietet auch der *CVJM* (Englisch: YMCA), der „Christliche Verein junger Menschen". Den YMCA-Interpoint-Prospekt kannst du anfordern bei

CVJM Gesamtverband in Deutschland e. V.
Postfach 41 01 54
34063 Kassel
Telefon: 05 61/3 08 70
http://www.cvjm.de

Ebenfalls günstig ist die Fahrt zum Ferienziel über eine *Mitfahrzentrale*. In den meisten größeren Städten gibt es diese Organisation. Adressen dieser örtlichen Zentralen und Näheres über die Bedingungen erfährst du bei der

Arbeitsgemeinschaft Deutscher
Mitfahrzentralen e. V.
Yorckstraße 52
10965 Berlin
Telefon: 0 30/12 16 60 07
http://www.mitfahrzentralen.de

Vielleicht habt ihr euch aber auch entschieden, eine Fahrradtour zu unternehmen. Informationen und Tipps für Fahrradurlaube erhaltet ihr vom

Allgemeinen Deutschen Fahrradclub (ADFC)
Postfach 10 77 47
28077 Bremen
Telefon: 04 21/34 62 90
http://www.adfc.de

Hast du für deine Ferienreise einen festen Zielort gewählt, solltest du dort das Fremdenverkehrsbüro anschreiben. Man informiert dich dann über günstige Übernachtungsmöglichkeiten, eventuell in Privatzimmern, Sehenswürdigkeiten und Ausflugsmöglichkeiten.
Reisebüros und große Sportgeschäfte bieten zudem immer öfter Jugendreisen an. Besorge dir Prospekte, und informiere dich gründlich, ehe du dich in die Diskussion mit deinen Eltern stürzt. Ein Preisvergleich ist dabei

ebenso nützlich wie das gründliche Durchlesen der klein gedruckten Reisebedingungen. Bist du noch nicht achtzehn, brauchst du auf jeden Fall die Unterschrift deiner Eltern für die Anmeldung, sonst ist sie nicht rechtskräftig.

Wenn die Erwachsenen sehen, dass du sehr wohl im Stande bist, eine selbstständige Planung durchzuziehen, und dass du dich mit allen Einzelheiten bereits befasst hast, überzeugt sie das vielleicht, dass du dich durchaus auch ohne ihre Hilfe durchschlagen kannst.

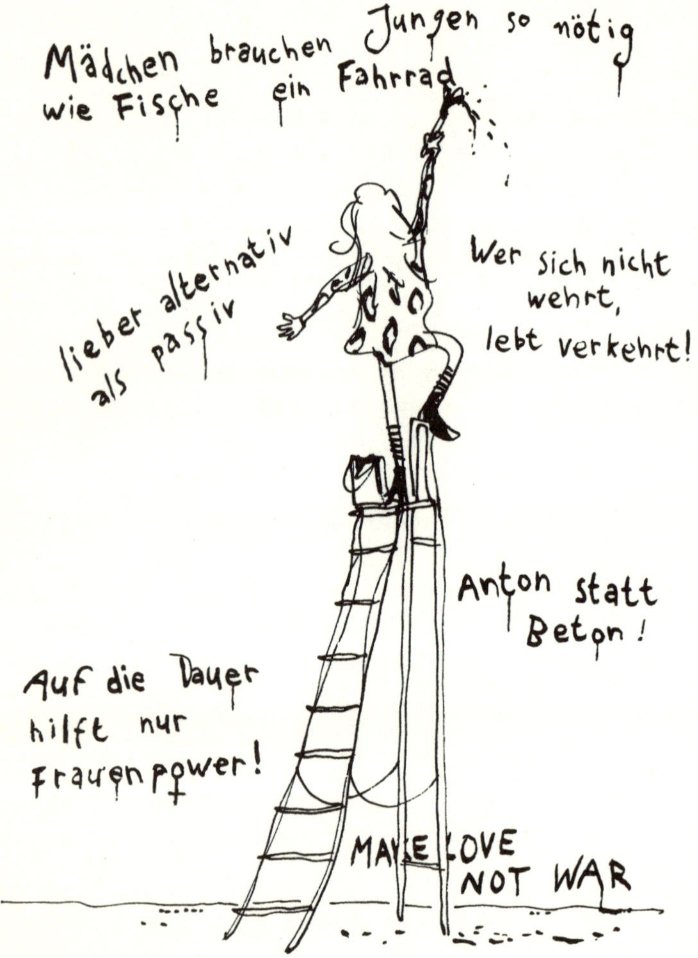
Mädchen brauchen Jungen so nötig
wie Fische ein Fahrrad
lieber alternativ
als passiv
Wer sich nicht
wehrt,
lebt verkehrt!
Anton statt
Beton!
Auf die Dauer
hilft nur
Frauenpower!
MAKE LOVE
NOT WAR

▸▸ Adressen

– Auskunft
– Beratung
– Hilfe
– Tipps und Informationen
bekommst du bei diesen Adressen:

Adressen ▸▸ Adressen ▸▸ Adressen ▸▸ Adressen ▸▸ Adressen

Adressen ▸▸ Adressen ▸▸ Adressen ▸▸ Adressen ▸▸ Adressen

Adressen ▸▸ Adressen ▸▸ Adressen ▸▸ Adressen ▸▸ Adressen

Adressen ▸▸ Adressen ▸▸ Adressen ▸▸ Adressen ▸▸ Adressen

Adressen ▸▸ Adressen ▸▸ Adressen ▸▸ Adressen ▸▸ Adressen

Adressen ▸▸ Adressen ▸▸ Adressen ▸▸ Adressen ▸▸ Adressen

Adressen ▸▸ Adressen ▸▸ Adressen ▸▸ Adressen ▸▸ Adressen

Adressen ▸▸ Adressen ▸▸ Adressen ▸▸ Adressen ▸▸ Adressen

▶ Kinder- und Jugendtelefone Die *Bundes-arbeitsgemeinschaft Kinder- und Jugendtelefon im Deutschen Kinderschutzbund* hat fast in jedem deutschen Bundesland kostenlose Sorgentelefone eingerichtet. Die Anschlüsse sind von Montag bis Freitag von 15 bis 19 Uhr besetzt. Du kannst dir dort unter der Nummer 08 00/1 11 03 33 jederzeit Rat und Auskunft holen. Weitere Informationen bekommst du auch bei folgenden Adressen:

Deutscher Kinderschutzbund e. V.
Bundesverband
Schiffgraben 29
30159 Hannover
Telefon: 05 11/30 48 50
http://www.kinderschutzbund.de

Kinderschutzzentrum München
Pettenkoferstraße 10 a
80336 München
Telefon: 0 89/55 53 56

UNICEF Deutschland
Höninger Weg 104
50969 Köln
Telefon: 02 21/93 65 00
http://www.unicef.de

Bundesarbeitsgemeinschaft Kinder- und
Jugendtelefon im Deutschen Kinderschutzbund
Telefon: 08 00/1 11 03 33
(Mo.–Fr.: 15–19 Uhr, kostenfrei)

In der Schweiz:

Kinderschutz Schweiz
Brunnmattstraße 38/Postfach 3 44
3000 Bern 14
Telefon: 0 31/3 98 10 10
http://www.kinderschutz.ch

Verein zur Prävention sexueller
Ausbeutung von Mädchen und Jungen
Bertastraße 35
8003 Zürich

Sorgentelefon für Kinder und Jugendliche
Telefon: 08 00/55 42 01
http://www.sorgentelefon.ch

In Österreich:

Österreichischer Kinderschutzbund
Verein für gewaltlose Erziehung
Obere Augartenstraße 26–28
1020 Wien
Telefon: 01/3 32 50 01
http://www.kinderschutz.at

Kinderschutzzentrum
Rudolf-Biebl-Straße 50
5020 Salzburg
Telefon: 06 62/4 49 11
http://www.kinderschutzzentrum.at

Ö3-Kummernummer
Telefon: 08 00/60 06 07 (kostenfrei)
http://www.oe3.at

Rat auf Draht
Telefon: 147

Kinderschutzzentrum
Pfarrgasse 8
4600 Wels
Telefon: 0 72 42/6 71 63 11

▶ Umwelt- und Naturschutz

Deutscher Naturschutzring
Dachverband der deutschen Natur-
und Umweltschutzverbände (DNR) e.V.
Grünes Haus
Prenzlauer Allee 230
10405 Berlin
Telefon: 0 30/44 33 91 81
http://www.dnr.de

Bund für Umwelt und Naturschutz Deutschland e.V.
(BUND)
Am Köllnischen Park 1
10179 Berlin
Telefon: 0 30/2 75 86 40
http://www.bund.net
E-Mail: bund@bund.net

Naturschutzjugend im Naturschutzbund
Deutschland e. V.
Herbert-Rabius-Straße 26
53225 Bonn
Telefon: 02 28/4 03 61 90
http://www.naju.de

Greenpeace e. V.
Große Elbstraße 39
22767 Hamburg
Telefon: 0 40/30 61 80
http://www.greenpeace.de
E-Mail: mail@greenpeace.de

Robin Wood
Postfach 10 21 22
28021 Bremen
Telefon: 04 21/59 82 88
http://www.robin-wood.de

Umweltstiftung WWF Deutschland
Rebstöcker Straße 55
60326 Frankfurt/Main
Telefon: 0 69/79 14 40
http://www.wwf.de

Schutzgemeinschaft Deutscher Wald Bundesverband e. V.
Meckenheimer Allee 79
53115 Bonn
Telefon: 02 28/9 45 98 30
http://www.sdw-online.de

Deutscher Jugendbund für Naturbeobachtung (DJN)
Justus-Strandes-Weg 14
22337 Hamburg
Telefon: 0 40/50 67 64

Rettet den Regenwald e. V.
Friedhofsweg 28
22337 Hamburg
Telefon: 0 40/4 10 38 04
http://www.umwelt.org/regenwald

▶ Tierschutz

Interessengemeinschaft Deutscher Hundehalter e. V.
Auguststraße 5
22085 Hamburg
Telefon: 0 40/45 47 61

Verband Deutscher Katzenfreunde
Postfach 14 56
57532 Wissen
Telefon: 07 00/33 78 35 38
http://www.dervdkev.de

Deutsche Reiterliche Vereinigung e. V.
Freiherr-von-Langen-Straße 13
48231 Warendorf
Telefon: 0 25 81/6 36 20
http://www.fn-dokr.de

Bund gegen Missbrauch der Tiere e. V.
Viktor-Scheffel-Straße 15
80803 München
Telefon: 0 89/3 83 95 20
http://www.bmt-tierschutz.dsn.de

Bundesverband Tierschutz
Walpurgisstraße 40
47441 Moers
Telefon: 0 28 41/2 52 44
http://www.bv-tierschutz.de

Deutscher Tierschutzbund e. V.
Baumschulallee 15
53115 Bonn
Telefon: 02 28/60 49 60
http://www.tierschutzbund.de

Die meisten Verbände geben keine medizinischen oder juristischen Auskünfte. Ein adressierter, frankierter Rück-

umschlag beschleunigt eine Antwort bestimmt. Beim Tierschutzbund erhältst du auch die Telefonnummern und Adressen der regionalen Tierheime.

▶ Sexueller Missbrauch, Vergewaltigung

Alle Kinder-und Jugendtelefone siehe Seite 282–284

Pro Familia
Deutsche Gesellschaft für Familienplanung,
Sexualpädagogik und Sexualberatung e. V.
Stresemannallee 3
60596 FrankfurtlMain
Telefon: 0 69/63 90 02
http://www.profamilia.de

Wildwasser
Mädchenberatung
Dircksenstraße 47
10178 Berlin
Telefon: 0 30/78 65 17

Arbeiterwohlfahrt Bundesverband e. V.
Oppelner Straße 130
Postfach 41 01 63
53119 Bonn
Telefon: 02 28/6 68 50
http://www.awo.org

In Österreich:

Alle Kinder- und Jugendtelefone siehe Seite 282–284

Notruf
Beratung für vergewaltigte Frauen
Postfach 1 57
1070 Wien
Telefon: 01/5 23 22 22

In der Schweiz:

Alle Kinder- und Jugendtelefone siehe Seite 282–284

Schweizerischer Dachverband Pro Familia
Laupenstraße 45
Postfach 75 72
3001 Bern
Telefon: 31/3 81 90 30
http://www.profamilia.ch

▶ Drogen- und Alkoholprobleme

Alle Kinder- und Jugendtelefone siehe Seite 282–284

Deutsche Hauptstelle gegen Suchtgefahren e. V.
Postfach 13 69
59003 Hamm
Telefon: 0 23 81/9 01 50

Anonyme Alkoholiker (AA) e. V.
Postfach 46 02 27
80910 München
Telefon: 0 89/3 16 95 00
http://www.anonyme-alkoholiker.de

Wildwasser
Mädchenberatung
Dircksenstraße 47
10178 Berlin
Telefon: 0 30/78 65 17

In Österreich:

Alle Kinder- und Jugendtelefone siehe Seite 282–284

Club Change
Drogenberatung
Schellhammergasse 3
1170 Wien
Telefon: 01/4 06 23 02

In der Schweiz:

Alle Kinder- und Jugendtelefone siehe Seite 282–284

Bundesamt für Gesundheitsfragen
Koordinationsstelle für Drogenfragen
Schwarzenburgstraße 165
3997 Liebesfeld bei Bern
Telefon: 0 31/3 22 21 11

Drogenberatungsstelle Zürich
Telefon: 01/2 59 21 91

▶ Aids

Alle Kinder- und Jugendtelefone siehe Seite 282–284

Deutsche AIDS-Hilfe e. V.
Dieffenbachstraße 33
10967 Berlin
Telefon: 0 30/6 90 08 70
http://www.aidshilfe.de

Bundeszentrale für gesundheitliche Aufklärung
Ostmerheimer Straße 220
51109 Köln
Telefon: 02 21/8 99 20
http://www.bzga.de

In Österreich:

Alle Kinder- und Jugendtelefone siehe Seite 282–284

AIDS-Hilfe Österreich
Mariahilfer Gürtel 4
1060 Wien
Telefon: 01/5 99 37
http://www.aids.at

In der Schweiz:

Alle Kinder- und Jugendtelefone siehe Seite 282–284

AIDS-Hilfe Schweiz
Konradstraße 20
8005 Zürich
Telefon: 01/4 47 11 11
http://www.aids.ch

▶ Homosexualität

Alle Kinder- und Jugendtelefone siehe Seite 282–284

Arbeiterwohlfahrt Bundesverband e. V.
Oppelner Straße 130
Postfach 41 01 63
53119 Bonn
Telefon: 02 28/6 68 50
http://www.awo.org

Pro Familia
Deutsche Gesellschaft für Familienplanung,
Sexualpädagogik und Sexualberatung e.V.
Stresemannallee 3
60596 Frankfurt/Main
Telefon: 0 69/63 90 02
http://www.profamilia.de

In Österreich:

Alle Kinder- und Jugendtelefone siehe Seite 282–284

In der Schweiz:

Alle Kinder- und Jugendtelefone siehe Seite 282–284

Schweizerischer Dachverband Pro Familia
Laupenstraße 45
Postfach 75 72
3001 Bern
Telefon: 0 31/3 81 90 30
http://www.profamilia.ch

▸ Scheidung

Alle Kinder- und Jugendtelefone siehe Seite 282–284

Pro Familia
Deutsche Gesellschaft für Familienplanung,
Sexualpädagogik und Sexualberatung e.V.
Stresemannallee 3
60596 Frankfurt/Main
Telefon: 0 69/63 90 02
http://www.profamilia.de

In Österreich:

Alle Kinder- und Jugendtelefone siehe Seite 282–284

In der Schweiz:

Alle Kinder- und Jugendtelefone siehe Seite 282–284

Schweizerischer Dachverband Pro Familia
Laupenstraße 45
Postfach 75 72
3001 Bern
Telefon: 0 31/3 81 90 30
http://www.profamilia.ch

▸ Essstörungen

Overeaters Anonymous (OA)
Telefon: 05 61/3 16 07 60

Cinderella
Aktionskreis für Ess- und Magersucht e.V.
Westendstraße 35
80339 München
Telefon: 0 89/5 02 12 12

ANAD Selbsthilfegruppe
Anorexia-Bulimia-Nervosa e.V.
Seitzstraße 8
80538 München
Telefon: 0 89/24 23 99 60
http://www.anad-pathways.de

Dick & Dünn
Beratungsstelle bei Essstörungen e.V.
Innsbrucker Straße 25
10825 Berlin-Schöneberg
Telefon: 0 30/8 54 49 94
http://www.dick-und-duenn-berlin.de

Waage e.V.
Kontakt, Information und Beratung
für Frauen mit Essstörungen
Schopstraße 1
20255 Hamburg-Elmsbüttel
Telefon: 0 40/4 91 73 89

Deutsche Hauptstelle gegen die Suchtgefahren e. V.
Postfach 13 69
59003 Hamm
Telefon: 0 23 81/9 01 50

▶ Neurodermitis

Bundesverband Neurodermitiskranker
in Deutschland e. V.
Oberstraße 171
56154 Boppard
Telefon: 0 67 42/8 71 30
http://www.neurodermitis.net

▶ Reisen

Deutsches Jugendherbergswerk
Bismarckstraße 8
32756 Detmold
Telefon: 0 52 31/7 40 10
http://www.djh.de
E-Mail: service@djh.de

CVJM — Christlicher Verein Junger Menschen
Gesamtverband e. V.
Postfach 41 01 54
34063 Kassel
Telefon: 05 61/3 08 70
http://www.cvjm.de

Gesellschaft für internationale
Jugendkontakte (GIJK)
Braunscheidtstraße 11
53173 Bonn
Telefon: 02 28/95 73 00
http://www.gijk.de

Deutsch-Amerikanische Studiengesellschaft e. V. (DASG)
Pappelweg 1
89275 Oberelchingen
Telefon: 0 73 08/20 03
http://www.dasg.com
E-Mail: mail@dasg.com

▸ Sport

Deutscher Sportbund
Otto-Flex-Schneise 12
60528 Frankfurt
Telefon: 0 69/6 70 00
http://www.dsb.de

▶ Stichwortverzeichnis